미사, 전례와 성가

미사, 전례와 성가

발행일 2016년 11월 15일

지은이 김 건 정
펴낸이 손 형 국
펴낸곳 (주)북랩
편집인 선일영 편집 이종무, 권유선, 안은찬, 김송이
디자인 이현수, 이정아, 김민하, 한수희 제작 박기성, 황동현, 구성우
마케팅 김회란, 박진관
출판등록 2004. 12. 1(제2012-000051호)
주소 서울시 금천구 가산디지털 1로 168, 우림라이온스밸리 B동 B113, 114호
홈페이지 www.book.co.kr
전화번호 (02)2026-5777 팩스 (02)2026-5747

ISBN 979-11-5987-298-3 03230(종이책) 979-11-5987-299-0 05230(전자책)

이 도서의 국립중앙도서관 출판예정도서목록(CIP)은 서지정보유통지원시스템 홈페이지(http://seoji.nl.go.kr)와 국가자료공동목록시스템(http://www.nl.go.kr/kolisnet)에서 이용하실 수 있습니다.
(CIP제어번호 : CIP2016027134)

『미사 전례 성가의 이해』 개정증보판

미사, 전례와 성가

김건정 지음

북랩 Lab

머리말

- 매일미사 책에는 순서상 입당송이 맨 먼저 나오는데 왜 노래를 안 하고 넘어갈까?
- 알렐루야는 왜 서서 노래해야만 하는가?
- 성가책 악보 위에 코랄(Choral)은 무슨 뜻일까?
- 그레고리오 성가와 라틴어 성가는 무엇이며 가톨릭 교회에서 왜 중요시한다고 할까?
- 미사에 피아노 반주를 해도 될까?
- 가톨릭 성가와 개신교 찬송가는 같은 것 아닌가?

이러한 전례음악에 관한 소박한 의문에 확실히 알고 싶은 신자들을 위하여, 새 영세자들이 교리 시간에 못다 배운 전례 성가의 성격과 뜻을 알고 보다 능동적으로 미사에 참례할 수 있도록 이 책을 쓴다. 특히 많은 성가대에서 봉사하는 사람들을 위하여 쓴다.

주일 미사에 참례하는 대다수 신자의 입장에서 보면 성가를 부르는 시간이 성경을 봉독하고 강론을 듣고 예물을 봉헌하며 성체를 받아 모시는 시간보다 길다. 이처럼 시간적으로도 비중이 큰 성가에 대하여 전례상의 의미를 알게 해주고 올바른 찬미에 도움이 될 안내서가 필요하다고 보았다.

필자는 오래전에 『교회 전례음악』(가톨릭출판사, 1986)을 펴낸 바 있다. 이 책은 성가대 지휘자와 반주자 및 교회음악 전공자급에 필요한 이론적인 책으로서 일반 신자들이 보기에는 좀 어려운 면이 없지 않았다. 그래서 모든 이가 보다 쉽고 재미있게 미사 음악을 이해할 수 있도록 평신도의 입장에서 보고 느끼고 가려운 곳을 긁어주듯, 특히 신앙과 성가대 초보자의 눈높이에 맞추어 풀이하였다.

아무쪼록 이 작은 책이 미사 전례의 신비를 체험하고 성가를 통하여 주님을 찬미하고 은총을 받는데 도움이 된다면 기쁘겠다.

전례 분야를 감수하시고 추천서를 기꺼이 써주신 가톨릭대학교 전례학 교수인 정의철 신부님, 성음악 분야를 감수해 주신 베네딕토수도회 수사 신부인 박대종 종교음악학과 교수님께 감사드린다.

"숨 쉬는 것 모두 주님을 찬양하여라, 할렐루야." (시편 150,6)

천주강생 2000년 대희년 그리스도왕 대축일에

펴낸이

개정증보판을 출간하며

2000년 대희년을 맞이하여 출간했던 이 책을 16년 만에 손질하여 개정 증보판을 내게 되었습니다. 초판 이후 16년이 지나 새로운 문헌이 생겨났고 출판사 사정으로 기존 편집 체계와 다른 출판 프로그램을 사용하게 되어 원고를 처음부터 재작성하고 제호도 일부 수정하였습니다.

이 책은 가톨릭 교회 신자들뿐만 아니라 수많은 다른 형제(개신교, 대한 성공회, 한국 정교회 등)들과 아직 무교인 사람들에게까지 상호 전례와 음악을 공유하고 이해하며 더 나아가 교회일치(에큐메니컬) 차원에서 공유하고자 하는 마음에서 시작했습니다.

책 제목을 『미사 전례 성가의 이해』에서 『미사, 전례와 성가』로 줄이고 시대적 변화와 독자들의 취향에 맞춰 편집도 바꾸기로 했습니다. 건축으로 비교하면 리모델링 수준

입니다. 나무에 비유하면 뿌리와 줄기는 두고 이파리가 더 나고 색깔을 바꾼 것으로 보시면 됩니다. 즉 이미지와 편집 구도를 바꿨지만 주 내용 면에서는 같습니다. 또 하나 현대인의 패러다임에 부응하여 전자책(e-Book)으로도 출간함으로써 내 스마트폰이나 태블릿, 노트북에 담아 언제 어디서나 읽을 수 있도록 하였습니다.

지금은 정보 홍수의 시대입니다. 불과 20여 년 전만 해도 교회 전례와 음악에 관한 지식을 알 방법이 극히 제한되었으나 지금은 인터넷의 발달로 카페, 블로그, 밴드, 페이스북, 홈페이지 등 SNS 매체가 넘쳐납니다. 그러나 이런 자료들은 산만하고 검증된 것이 적습니다. 옛말에 "구슬이 서 말이라도 꿰어야 보배"라 했습니다. 누군가에 의해 잘 꿰어진 지식과 경험에 의한 하드웨어로 내 것으로 만들려면 역시 책입니다.

끝으로 이 책을 정교하고 아름답게 만들어 준 북랩 출판사 편집진 여러분께 감사합니다.

2016년 11월,
그리스도 왕 대축일에

추천의 글

교회는 초기부터 전례 예식 중에 하느님의 본성이나 구원업적을 기념하면서 이에 대한 화답으로 찬미와 감사 그리고 이를 선포하는 노래를 불렀습니다. 이는 우리의 믿음과 종교적 확신을 기도와 전례 동작 외에도 노래를 통해 잘 드러낼 수 있기 때문입니다. 그러므로 교회는 전통적으로 성가를 전례 기도의 정상적인 표현 방식으로 간주했으며, 이 점은 제2차 바티칸 공의회(1962~1965)의 전례헌장에서도 강조된 바 있습니다.

"말씀과 결부된 성가는 성대한 전례의 필요하고도 온전하게 하는 부분을 이룬다." (전례헌장 112항)

특히 미사 전례 안에서의 성가는 하느님에 대한 찬미와 감사를 한층 드러내도록 하며, 신자들의 능동적인 참여를 돕고 있습니다. 그런 만큼 미사 성가는 미사 전례를 구성하는 각 예식의 의미에 맞게 결합되어야 하며, 성가 봉사자뿐만 아니라 모든 신자가 전례 예식의 의미와 말씀을 바르게 이해할 필요가 있습니다.

평신도의 눈높이 『미사 전례 성가의 이해』라는 이 책은 전례 봉사자로서 특히 전례 성가대 지휘자로서 오랫동안 봉사해온 저자가 그동안 느끼고 경험한 것을 바탕으로, 평신도의 눈높이에 맞게 미사 전례의 각 부분의 의미와 그 예식에 따른 성가들을 어떠한 마음으로 불러야 하는지를 알기 쉽게 설명해 주고 있습니다.

이 책은 특별히 새로 세례를 받은 교구뿐 아니라, 이미 신앙생활을 하는 모든 교우에게 미사 전례를 올바로 이해하고 성가를 통해 하느님을 찬미할 수 있는 좋은 길잡이가 되리라고 생각됩니다.

2000년 모든 성인 대축일에
가톨릭대학교 전례학 교수
주교회의 전례위원회 총무
정의철 신부

일러두기

어떻게 하면 읽기 편하고 알기 쉽게 설명할 수 있을까?
궁리한 끝에 몇 가지를 염두에 두고 썼다.

하나 한글 전용을 원칙으로 했다. 외국어는 교회언어인 라틴어를 우선하여 괄호 안에 넣고 이해를 돕기 위해 한자도 일부 병기하였다. 전례음악 용어는 '성음악지침(한국 천주교 2009년)'을 따랐고 보충 설명은 [ ] 안에 넣었다.

둘 학술 서적이 아니고 핸드북 같은 성격의 책이므로 성경이나 교회 문헌의 인용 근거를 가급적 생략하고 읽어 나가면서 자연스레 이해하도록 했다.

셋 신앙의 신비를 경험하지 않고는 이해하기 쉽지 않은 전례음악 이야기이므로 독자 입장에서 시각적인 구성을 고려하였고 한 항목에 한 면 또는 두 면이 되도록 노력했다.

넷 첫째 마당과 둘째 마당만을 읽는 동안에 샘물체로 굵게 표시한 낱말은 셋째 마당에 별도 설명이 있다는 것을 의미한다.

다섯 이미지(사진)를 많이 활용하여 시각적 읽는 즐거움을 높이도록 노력하였다. 수록된 일부 사진들은 필자가 세계 여러 나라를 순례하며 찍은 소중한 교회와 명품 성 미술품들이다. 삽화는 박정숙 화백 작품이다. 표지 십자가 사진은 Daum 카페 '전례음악' 사진부장인 정성화 대건안드레아 씨 작품이다.

차 례

첫째 마당_

미사와 전례 성가에 대한 기초 설명

미사와 전례 성가에 들어가기 전에 관련된

음악 세계에 대한 개념을 익힌다.

마라도성당

성가에 관한 용어와 개념 정리

성가란 무엇인가?

성가란 거룩한 노래이다. 우리 교회는 성가의 목적을 '하느님의 영광과 신자들의 성화를 지향한다'고 밝히고 있다. 교부 성 아우구스티노께서도 일찍이 성가를 "하느님을 찬미하는 노래"로 정의한 바 있다. 또한 "성가 한번 잘 부르는 것은 기도를 두 번 하는 것과 같다"는 교회 격언이 있다.

우리가 찬미해야 할 대상은?

하느님이다. 주님, 야훼, 하나님, 천주, 알라 등 모두 대상은 같다. 하느님을 뜻하는 성부, 성자, 성령은 물론 예수님, 성체, 창조주와 하느님의 어머니인 성모 마리아와 순교 성인들을 찬미하는 노래도 성가로 분류된다. 따라서 세속 권력자를 찬양한다거나 자연경관을 찬미하는 노래는 성가가 아니며 '사랑'이라는 단어가 들어가더라도 하느님의 사랑이 아닌 세속적인 사랑이라면 그 노래는 연가이지 성가가 아니다. 그러므로 흔히 성가책에 수록되었다고 해도 하느님을 찬미하는 내용이 아니면 전례 성가로 쓸 수 없다. 특히 젊은이들이 선호하는 CCM(복음, 생활 성가) 같은 노래 중에는 전례에 적합하지 않은 곡들이 있으므로 미사 전례에 사용하려면 선택을 신중히 하여야 한다. '한국천주교주교회의'에서는 이를 고려하여 새 성가집에 CCM 성가들을 엄선하여 수록하고 있다.

하느님을 찬미하는 수단은?

노래이다. 무용이나 율동, 미술이나 건축 또는 문학 작품이나 영상 매체 등 다양한 방법이 있으나 누구나 가장 쉽게 찬미할 수 있는 수단은 목소리로 부르는 사람의 노래이다. 교회의 전통은 반주없이 노래하는 것이었다. 유다(회당) 전통이나 현재 동방정교회에서는 무반주로 연주한다. 세월이 흐르면서 차츰 기악이 도입되어 오늘날에는 독자적인 분야도 이루고 있지만 찬미의 기본은 하느님이 주신 가장 좋은 악기인 인간의 목소리이다. 성경에는 "하느님을 찬미하라"는 구절이 670번 나온다. 특히 구약의 다니엘서는 "찬미합니다. 찬양합니다, 찬양을 드려라"는 문구가 78번이나 연속 나오는데 찬미 찬양이라는 낱말이 아니더라도 "환호하여라" "감사하여라" "새로운 노래를 불러드려라" 등 수십 가지 단어, 구절이 사실상 동일한 뜻으로 쓰이고 있다.

가톨릭 정서에 맞아야 한다

위에서 언급한 성가의 세 가지 요건이 외관상 갖추어졌다고 하더라도 거룩함과 보편성이 있는 곡이라야 한다. 예컨대 외국 국가나 대중가요에 번안한 곡이라든지 외국의 히피나 집시족 또는 할렘가의 흑인들이 고함을 치듯 흐느적대며 부르는 노래들이나 보통 사람들이 가사를 알아들을 수 없이 빠른 템포의 랩 같은 노래는 거룩함과 보편성이 없다. 이 같은 비전례적 성가는 젊은이들이 좋아한다고 하여 수용할 문제가 아니다.

미사의 본질은 제사이고 성가는 제사 음악이라고 할 수 있다. 오랜 세월을 지나면서 다듬어지고 검증된 보석 같은 성가를 외면하고 굳이 특정 계층, 연령대에서 선호하거나 말초 신경을 자극하고 즐기기 위한 노래는 장려할 것이 못된다. 노래의 작곡 배경이나 내용, 형식 등 모든 면에서 좋은 성가라고 할 수 없는 곡들이 많다. 1970년대 발행된 성가책 중에는 독일 국가와 러시아 국가를 가사만 바꾸어 수록된 적이 있었다. 곡을 고르는 사람들은 미사에 불러서 좋은 노래와 안될 노래를 구별할 수 있는 감각이 있어야 한다.

미사 전례에 쓰이는 성가는 "모든 신자에게 보편적으로 불릴 수 있고 신심을 북돋우는 성가라야 한다"는 문헌도 있다.

"감사하는 마음으로 하느님께

시편과 찬미가와 영가를 불러 드리십시오."

(골로 3,16)

음악의 분류

음악 세계는 넓다. 카메라의 줌 렌즈로 범위를 좁혀서 크게 보듯이 이제 성가의 위치를 좀 더 자세히 알아보자.

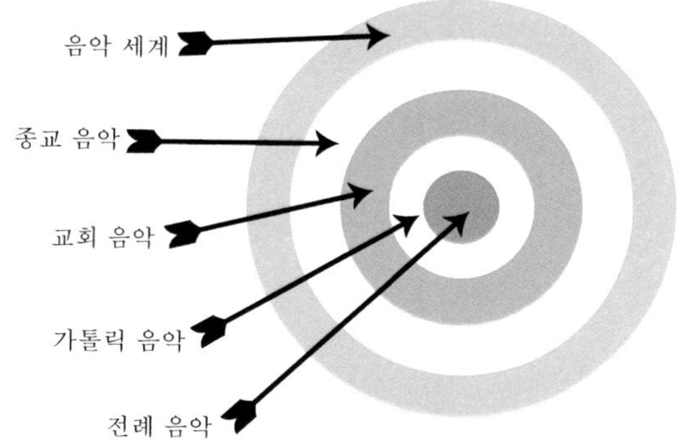

- 음악은 크게 종교음악과 비 종교음악으로 나눈다.
- 종교음악은 다시 교회음악과 타 종교음악으로 나눌 수 있다.

- 교회음악은 가톨릭 교회음악과 타 교회음악으로 구분할 수 있다.
- 가톨릭 교회음악은 미사 전례와 성무일도(시간전례)용 전례 성가와 연주용 음악으로 분류할 수 있다. 이 책에서는 전례 성가를 중심으로 차근차근 설명해 나가기로 한다. 위의 그림 원형도에서 중심원이 핵심 전례음악이고 가장자리로 갈수록 비 전례음악, 비 교회음악으로 간다. 즉 음악 세계>종교 음악>교회음악>가톨릭 교회음악>전례 음악으로 범위가 좁혀진다.

종교음악은 신심을 북돋우는 음악이다

성악곡이든 기악곡이든 절대자에 대한 흠숭과 찬미를 드리는 음악은 종교음악이고 그렇지 않은 음악은 비 종교음악, 즉 세속음악이다. 절대자를 위한 음악인가, 인간사회의 희노애락을 위한 음악인가 하는 점이 구분의 기준이 된다. 고대사회의 음악은 종교음악과 세속음악 구분이 없었고 제사를 위한 의식에서 시작되었다. 종교음악 안에는 그리스도교 교회음악, 불교음악, 유교음악, 이슬람음악 등이 있다.

교회음악은 그리스도 예수님께 올리는 예배음악이다

교회음악은 히브리음악에서 기원하여 예루살렘, 그리스, 로마를 거쳐 유럽과 아프리카에 전파, 발전되었다. 그리스도교 음악 중 개신교 음악은 16세기 이래 독일을 중심으로 회중 제창을 중요시하여 가사부터 라틴어에서 독일어로 바꾸고, 쉽고 대중성 있는 찬송가 위주로 발전시켜 왔다. 이런 노래를 코랄(Choral)이라고 한다. 가톨릭 교회음악은 직업적 성가대 위주의 전례 중심적으로 발전되어 왔다. 그러나 제2차 바티칸 공의회의 이후 전례쇄신의 일환으로 회중 제창을 과감히 도입하고 자국어 전례문과 성가를 쓰게 하여 나라별로 토착화 노력이 시도되고 있다.

***참고**: 가톨릭 교회와 전례와 성가에서 상당 부분 공유하던 '대한성공회'는 1990년 성가를 개신교 찬송가 풍으로 전환했다가 약 25년간 써 본 후 거의 원래의 성가로 돌아왔다. 최근(2015년) 새 성가집은 창작곡과 전례 중심 성가 위주로 662곡을 담았다.

전례음악이란 교회가 공식적인 전례 의식 안에서 사용하도록 공인한 음악이다.

다른 표현으로는 '노래 불리는 말씀'이다. '전례'란 '하느님 백성의 공적 예배 행위'로 정의한다. 따라서 전례음악은 이 정의 안에서 존재하며 공적 예배에 음악으로 봉사하는 것이다. 가사는 성경과 전례문 또는 교회의 승인을 받은 기도문 등이어야 한다. 따라서 이러한 원론에 근거하지 않은 유사 성가와 특수 심신 단체의 노래들은 미사에 사용할 수 없는 곡들이다. 예를 들면 '레지오마리에 단가'나 '주일학교 교가'는 좋은 취지에도 불구하고 전례에 불려서는 안 된다.

종교음악이 곧 전례음악은 아니지만 모든 전례음악은 교회음악이고 더 넓게 보면 종교음악이다. 무대에 올릴 목적으로 작곡된 오페라처럼 화려한 교회음악도 많다. 예를 들면 모차르트의 '대관미사곡' 같은 대곡은 교회음악이지만 전례음악은 아니다. 전례음악은 또 크게 미사음악과 성무일도(시간전례) 음악으로 나눌 수 있다. 곡이 따로 구분되는 것은 아니고 상당 곡들을 양쪽에서 공유한다. 예를 들면 '성모찬미가(Ave Maria)'들은 미사에서나 시간 전례에서도 많이 불린다. 미사 음악은 주로 교구에서, 시간 전례 음악은 수도원에서 발달하였고 미사가 아닌 성사나 예절에서도 전례음악이 불린다. 미사는 처음부터 끝까지 노래로 드릴 수도 있고 노래 없이 드려도 되지만 노래가 차지하는 비율이 높아질수록 미사는 더욱 풍요롭고 장엄한 찬미 제사의 의미를 드높일 수 있다.

둘째 마당_

미사 전례 순서와 성가의 의미

이제부터 미사와 전례 성가의 실제에 들어간다.
성가대가 있는 주일 교중 미사를 기준으로 한 것이고
본당에 따라 성가 부분이 낭송으로 대치될 수도 있다.

8-20h

미사 구성, 구조

어떤 미사이든 구성과 순서는 같다. 미사 구조를 논할 때 신학적으로는 말씀 전례와 성찬 전례로 나누고 음악적으로는 통상미사와 고유미사로 나눈다. 두 개념을 종합하여 실례를 중심으로 설명하기로 한다. 주일 교중미사를 기준으로 하여 전례 성가 측면에서 보면 네 부분으로 나눌 수 있다. 시작예식, 말씀 전례, 성찬 전례, 마침 예식이다. 시작예식과 말씀 전례, 성찬 전례와 마침 예식을 묶어 두 부분으로 나누기도 한다. 또한 음악적으로 성가의 성격이 다른데 통상문 부문에 환호, 대화구, 연도(리타니아(Litania)), 찬미가 등이 있고 고유문 부문에 행렬노래, 응답 시편창, 선포(독서 후) 등이 있다. 지휘자는 각 곡의 기능, 성격을 숙지하고 전례력에 합당한 연주를 이끌어 나가야 한다.

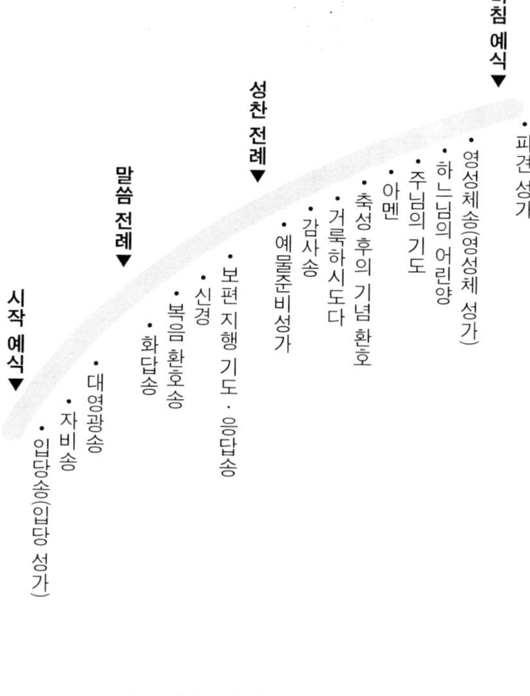

"즐거운 사람이 있습니까?
그런 사람은 찬양노래를 부르십시오."

(야고 5,13)

전주

음악에서 프렐루드(prelude) 같은 개념이다. 미사를 준비하는 동안 묵상에 도움을 주고 미사 분위기를 조성하기 위한 오르간 연주나 기악(주로 현악) 합주를 하는 경우가 있다. 교우들의 능동적인 전례 성가 참여를 위하여 그날의 화답송이나 일반 성가 교육을 겸하여 연습하는 것도 좋은 준비가 될 수 있다. 미 전주 부분은 전례와는 직접 관련이 없다.

시작예식

입당송과 입당성가

미사 시작 때 사제가 입장하는 동안 입당송을 노래로 또는 낭송하거나 성가책에 있는 입당성가를 부른다. 송(誦)이라는 한자가 읊는다는 뜻으로 입당송과 입당 노래 또는 입당성가는 다 같은 용도이고 목적이 같다. 그러나 전례음악적으로 보면 의미가 다르다. 입당송은 정식 전례 성가이고 입당성가는 이에 따르는 준 전례 성가이다. 또한 입당송은 미사통상문 영역이 아니고 미사고유문 영역으로 매일 매일 고유한 성경 구절이 정해져 있다. 이 입당송은 지역 교구에서 정하는 것이 아니고 로마교황청에서 정해진다.

좀 생소한 개념일 수도 있는데 미사통상문이란 일년 내내 안 바뀌는 전례문이다. 즉 자비송, 대영광송, 신경, 거룩하시도다, 주님의 기도, 하느님의 어린양 같은 통상곡은 연중이든 사순 시기이든 부활 시기이든 같다. 미사 고유문은 입당송, 화답송, 복음환호송(알렐루야), 영성체송처럼 그날그날 바뀌는 고유한 노래(전례문)이다.

주로 구약의 시편이 많지만 모두 그런 것은 아니며 마치 영화의 주제곡처럼 그날의 미사 내용을 함축한 디딤돌로 볼 수 있다. 원래는 입당송을 노래로 부르는 것이 가장 전례적이다. 그러나 성가책에 있는 입당성가로 대체할 수 있기 때문에 입당송 대신 부르는 것이다. 사람들은 실행하기 어려운 원칙도 비교적 쉬운 예외적 대체 방안을 만들어 놓으면 쉬운 쪽으로 가는 속성이 있다. 새 성가집에는 거의 모든 날 입당송이 수록되므로 입당송을 우선 노래하도록 한다.

로마 성 베드로 대성당에서 교황님이 집전하시는 '성탄 밤 미사'를 보면 입당송을 그레고리오 성가로 부른다. 우리처럼 '고요한 밤'이나 '기쁘다 구주오셨네'로 시작하는 입당성가를 부르는 것이 아니라 고유 라틴어 입당송대로 "도미

누스 딕싯 앗메(Dominus dixit ad me)…"로 시작된다. 매일 미사책에는 "나에게 이르시되 주님의 말씀, 너는 내 아들, 오늘 너를 낳았노라…"로 번역되어 있다. 현실적으로 이런 노래를 회중이 부를 수 없으니까 성가책에서 적당히 대체 가능한 성가를 골라 그리스도의 대리자인 주례 사제를 환영하는 성가를 부름으로써 미사 분위기를 이끈다.

성가대가 없거니 평일 미사의 경우에는 신자 수도 적고 성가를 제대로 부를 형편이 안되면 입당송을 읽고(낭송) 미사를 시작하기도 한다. 그날의 입당송을 노래하든지 낭송하고 사제 입당이 완료되지 않았을 때는 오르간 연주나 성가책에 있는 일반 성가를 부르면 된다. 입당성가는 흔히 사제가 제단에 도착하면 노래를 멈춰야 하는 것으로 생각하기 쉬운데 2절, 3절까지 함께 부르며 여유를 가지고 거룩한 미사를 시작하는 것이 좋다. 입당송의 유래를 보면 원래 유럽 대성당의 긴 통로를 천천히 행렬하며 부르는 행렬노래와 따름노래(후렴)를 부른 것이다. 오늘날 입당송은 짧은 후렴만 남은 것이다. 유럽의 대성당이나 대수도원에서 특히 대축일은 복사단과 사제단이 많아서 행렬이 오래 걸리므로 파이프 오르간 연주로 입당송을 대신하기도 한다.

예수님을 기쁘게 해 드리는 것이
찬미의 기본이다.

자비송

참회 예절에서 주님께 자비를 구하는 청원 기도이다. 원래 라틴어 원문은 '기리에 엘레이손(Kyrie eleison), 크리스테 엘레이손(Christe eleison)'이다. 이 노래의 기원은 로마 시대에 황제나 개선 장군을 환영하는 노래로 시작되었지만 교회 전례에 도입된 것으로 긴 노래의 후렴을 반복하는 형태이다. 예전(제2차 바티칸 공의회 이전)에는 아홉 소절의 노래였지만 오늘날에는 여섯 소절로 간소화되었다. 음악적 형식은 선창자와 회중 또는 성가대와 회중이 계/응 반복하는 구조이다.

주님, 자비를 베푸소서/ 주님, 자비를 베푸소서
그리스도님, 자비를 베푸소서/ 그리스도님, 자비를 베푸소서
주님, 자비를 베푸소서/ 주님, 자비를 베푸소서

'기리에(Kyrie)'라는 낱말은 영어나 라틴어가 아니라 옛날 지중해 국가 중 문명국이었던 그리스(비잔틴)교회에서 로마 교회로 도입된 것으로 '나의 주님, 즉 그리스도'라는 라틴

어 표기이다. 라틴어 '크리스테'는 영어 '그리스도'이니 결국 주님을 부르면서 그리스어로 한번, 라틴어로 또 한 번 부르는 셈이다.

교회의 공식 언어인 라틴어 원문은 변함이 없는데 우리말은 약 20~40년 마다 바뀐다. 문자와 달리 말은 시대에 따라 바뀌는 특성이 있지만 아래에서 보는 것처럼 자주 바뀌었다.

천주여, 긍련히 너기소서/ 그리스도여, 긍련히 너기소서
(1938년 가톨릭 성가책)

주여, 우리를 불쌍히 여기소서/ 그리스도여, 우리를 불쌍히 여기소서 (1957년 가톨릭 성가책)

주님, 자비를 베푸소서/ 그리스도님, 자비를 베푸소서
(1997년 가톨릭 성가책)

이 노래의 성격은 주님의 대리자인 사제를 환영하는 뜻과 참회 기도의 뜻이 함께 있는 미사통상문이다.

대영광송

이 노래는 자비송에 이어 바로 부르는 찬미의 노래이고 주님의 탄생을 지켜본 천사와 하늘의 군대들이 부른 기쁨의 노래이다. 앞 부분은 루카 복음(2, 14) 말씀이다.

† 하늘 높은 데서는 하느님께 영광!

위 첫 구절은 사제가 선창하고 이어서 회중과 성가대가 받아서 교창한다. 대축일 때에 큰 성당에서는 라틴어 미사곡을 연주하거나 국악 미사곡 등을 연주하는 경우가 보통이다. 라틴어로는 '글로리아 인엑스첼시스 데오(Gloria in excelsis DEO)'인데 사제가 선창하는 것이 원칙이고 부득이한 경우에 위임을 받은 독창자가 해도 된다. 이 노래는 크게 3부분으로 되어있다.

(선창에 이어서)

땅에서는 주님께서 사랑하시는 사람들에게 평화.

주 하느님, 하늘의 임금님,

전능하신 아버지 하느님,

주님을 기리나이다, 찬미하나이다.

주님을 흠숭하나이다, 찬양하나이다.

주님 영광 크시오니 감사하나이다.

[A: 여기까지 하느님에 대한 찬미와 영광 부분]

외아들 주 예수 그리스도님,

주, 하느님, 성부의 아드님,

하느님의 어린양.

세상의 죄를 없애시는 주님, 저희에게 자비를 베푸소서,

세상의 죄를 없애시는 주님, 저희의 기도를 들어주소서,

[B: 탄원 부분]

홀로 거룩하시고, 홀로 주님이시며, 홀로 높으신 예수 그리스도님,

성령과 함께 아버지 하느님의 영광 안에 계시나이다.

아멘.

[C: 삼위일체 성삼위께 찬미와 영광을 드림]

대영광송은 미사 중에 부르는 성가 중에 긴 찬미가이다. 노래의 성격상 대축일이나 주일에만 부른다. 초대 교회에서는 부활대축일 때만 부르기도 했다. 가사의 뜻을 음미해가며 부르면 장엄하고 신명나는 대 찬미가임을 느끼게 된다. 특히 마지막 C 부분에서 "성령과 함께…"의 경우, 전 공동체가 함께 부른다. 이 찬미가는 성격상 사순시기와 대림시기 그리고 위령미사에는 부르지 않는다.

대영광송에 대비되는 '소영광송'이 있다.

성호를 그을 때 드리는 짧은 노래나 기도로 "영광이 성부와 성자와 성령께, 처음과 같이 이제와 항상 영원히, 아멘"이 그것이다. 보통 영광송이 아니고 대(大)영광송인 것을 새겨서 '크고 힘차게' 찬미해야 할 노래이다.

"지극히 높은 곳에서는 하느님께 영광,
땅에서는 그분 마음에 드는 사람들에게 평화!"

(루카 2,14)

말씀 전례

화답송

제1독서 말씀 낭독 후 핵심 내용을 새기고 묵상하기 위하여 화답하는 노래이다. 화답송의 유래는 '그라두알레(Graduale)'로서 제단 층계에서 부르는 노래에서 나온 '층계송'이라는 것이다. 옛날 유대 회당과 초기 교회에서 양피 두루마기로 된 성경을 펼쳐 읽고 중요한 구절을 암기하도록 노래했는데 평신도들은 성경도 없고 문맹자들이 대부분이어서 들으면 금방 잊어버렸다. 왜 성경이 없을까? 지금처럼 종이가 흔하지 않아서 양가죽에 필사한 성경은 귀했기 때문이다.

사제나 부제가 성경을 낭독하고 난 후에 노래 잘하는 사람이 소리가 뒤쪽까지 잘 들리도록 제단 층계에 올라서서 후렴 같은 노래를 부른 것이 층계송의 어원이 되었다. 우리나라에서는 초기에 층계경으로 시작하여 층계송, 응송으로 쓰다가 제2차 바티칸 공의회의 이후 화답송으로 정의하게 되었다. 제1독서에서 하느님 말씀을 들은 백성들이 단지 그 중요한 구절을 묵상하는 것을 뛰어넘어 '감사의 화답'을 하는 개념으로 강조된 것이다.

라틴어로도 응답, 화답한다는 의미로 '레스폰소리움(Responsorium)'이다.

그러므로 평일 미사 때처럼 해설자가 선창하고 읽는 것은 부득이한 경우로 국한하여야 하고 노래로 바치는 것이 좋다. 노래 방식은,

성가대(독창자)가 후렴을 선창하고, 모든 이가 후렴을 제창, 합창한 후, 독창자가 시편구(독창)를 노래하고, 모든 이가 후렴을 다시 부르고 독창자는 시편구 2절로 들어간다.

화답송은 제1독서 후에 이어 부르지만 이에 부속된 노래가 아니라 본질상 '전례적으로 독립된 말씀 선포'이다. 독창

자의 이상적인 위치는 독서대이다. 성가대가 2층에 있을 때는 2층에서 부른다. 마이크는 쓰지 않는 것이 좋고 한 사람이 불러야 한다. 남자와 여자 교대로 부르는 것도 아니다. 가장 중요한 점은 듣는 입장에서 말씀을 자연스럽게 알아듣도록 불러야 한다. 성악가가 무대에서 오페라 부르듯 해서는 안 된다. 즉 화답송 독창은 성악적 기교보다 말씀 전달이 우선이다.

복음환호송

복음환호송은 글자 그대로 '복음을 환호하는 노래'이다. 복음은 주님을 기쁘게 맞이하는 것이므로 사순시기를 제외하고 항상 부른다. 후렴구는 '알렐루야'를 부르며 사순시기에는 그 역할을 하는 '사순 복음환호송'을 부른다.

알렐루야(할렐루야)는 '주님+찬미' 두 단어가 결합된 히브리어 합성어이다. 원래는 제대 쪽에서 복음대로 복음을 읽으러 이동하는 동안의 복음 행렬 노래다. 전례상 '복음전 환호'로서 회중은 그 날 복음을 선포할 사제를 환영하고 복음을 들을 기대로 기쁨에 넘쳐 부르는 노래이다. 그래서 반드시 서서 불러야 한다. 제1독서 후 화답송은 앉아서 부른다. 또한 전례상 제1등급 성가이다. 한두 사람이나 성가대가 독점하듯 부르는 노래가 아니라 모든 이가 함께 부르는 노래라는 뜻이다. 이렇게 강조하는 이유를 비유를 들어 설명하면, 우리가 학교나 직장 또는 젊은이들이 군대에서 기념식이나 행사에 참가하는 경우가 많다. 국민의례도 있고 애국가 제창도 있다. 사회자가 "애국가 제창이 있겠습니다"

하면 다 함께 엄숙하게 애국가를 노래하는 것과 같다.

"♬ 동해물과 백두산이 마르고 닳도록…"

그런데 일부 참석자가 노래하기 싫다고 그냥 외우면 어떻게 될까?

애국가는 노래로 태어났듯이 '알렐루야'라는 말 자체가 노래이다. 즉 알렐루야는 노래로 해야만 하는 환호송이다. 그래서 알렐루야는 노래로 할 수 없을 때는 생략해도 된다. 우리가 미사 중에 알렐루야를 생략해야 할 상황이 있을까? 어떤 경우일까?

노약자 신자 몇 명밖에 없는 시골 아침 미사에는 그럴 수 있을 것이다. 평일 미사라도 최소한 '알렐루야'와 후술하는 '거룩하시도다'는 노래로 부르는 것이 전례에 합당하고 정상이다. 성가책에 있는 알렐루야는 어려운 노래도 아니고 늘상 부르는 곡이다. 독송 부분도 시편창 선법에 맞춰 읽듯이 나가면 된다. 미사 해설자가 음을 좀 높여서 노래하면 좋다. 알렐루야는 이렇게 기쁨 가득한 마음으로 부르는 노래인데 어떤 미사든 다 부를까? 장례 미사에도 부를 수 있을까?

장례 미사 때에도 '알렐루야'를 노래한다. 죽은 이의 가족을 생각하면 인간적으로 슬프지만 하느님 입장에서 보면 귀한 영혼을 받아주시고 안식을 주시니 감사할 일이다. 또한 복음 말씀을 들을 준비로 환호하는 노래이지 유족을 위로하는 노래가 아니다. 장례 미사에도 알렐루야는 노래한다.

신앙 고백

신경 또는 사도신경을 노래로 할 수도 있는데 작곡된 곡이 마땅치 않은 현실이어서 통상 함께 합송한다. 교회에서는 신경(니케아-콘스탄티노플리스 신경)이 원칙이다. 이 신경은 교회역사를 보면 그야말로 치열하게 교리 논쟁을 벌인 역사의 소산이다. 그 핵심은 성령은 성부와 성자로부터 나온 것인가, 오로지 성부로부터만 나온 것인가? 하는 문제이다. 후자는 자칫 삼위일체 신비를 부정하고 단성론에 빠지기 쉬우므로 여러 차례 공의회를 거쳐 나온 신조이기도 하다. 이 교리 문제는 '필리오케(Filioque) 논쟁'이라고 한다.

교회음악에서 그레고리오 성가와 다성음악(모테트)에서 가사로 쓴 신경은 모두 이 신경이다. 이와 대비되는 '사도신경'이 있는데 사순시기와 부활시기에 부른다. 다만 사도신경이 가사 수가 적어서 짧기에 시간 절약 차원에서 사도신경을 선호하는 경향이 있다. 라틴어로 연주하는 것을 들을 때 첫 가사가 '크레도 인 우눔 데움(Credo in unum Deum)…'이면 신경이다. 뜻은 '한 분이신 하느님을 저는 믿나이다' 이다.

보편 지향기도 '응답'

주일 미사와 대축일 미사에는 여러 지향을 둔 보편 기도 후 응답송이 있다. 노래로 응답하는 것이 좋다. 보통 "주님, 저희 기도를 들어주소서"를 하는데 전례력에 따라 가, 나, 다, 라 4개의 응답이 있다. 통상 4번의 기도와 응답이 있고 전례 음악적으로는 연도(連禱, 연이어 부르는 노래) 형식이다.

"그들은 찬미가를 부르고 나서 올리브 산으로 갔다."

(마태오 26, 30)

성찬 전례

예물준비 성가

입당송과 마찬가지로 고유문인 봉헌송이 있었으나 제2차 바티칸 공의회의 이후 폐지되었고 예물준비 기도 후 예물을 바칠 때 예물준비 성가를 부른다. 이 성가는 회중이 제단 앞에 예물을 드리러 나아가는 동안의 행렬 노래다. 이 모습은 현재 우리 교회에서만 볼 수 있는 모습이기도 하다. 개신교회는 물론이고 외국 가톨릭 교회와 동방정교회 등 거의 모든 나라 교회에서는 행렬 없이 봉사자가 봉헌낭이나 바구니 또는 백자 항아리를 이용하여 각자 예물을 내도록 하고 있다.

가사 내용이 꼭 성가책에서 '봉헌'으로 분류된 곡을 선곡해야 하는 것은 아니며 그날 복음이나 독서 내용과 관계가 있거나 전례력에 맞는 성월 성가 등을 불러도 좋고 대축일 때는 성모 마리아나 성인 성가도 좋다. 예물준비 성가의 개념 역시 하느님의 피조물인 인간이 주님께 감사하며 찬미하는 뜻도 있다.

개신교에서는 이 시간에 성가대가 특별 찬미가(찬양)를 하며 매우 중요시 한다. 성가대의 존재 목적이 이 찬양일 정도로 비중이 크다.

감사송

사제가 바치는 특별한 감사기도이다. 전례력과 미사 지향에 따라 많은 예문이 정해져 있다. 감사송 전에 사제와 회중의 대화구(주님께서 여러분과 함께/ 또한 사제와 함께)들이 중요한 요소인데 원래 그레고리오 성가 낭송체로 부른다. 현 한글 대화구 중에서 "또한 사제와 함께"는 라틴어 "엣 꿈 스프리뚜 뚜오(Et cum spritu tuo)"이다. 직역하면 '당신의 영과 함께'인데 향후 '또한 사제(부제)의 영과 함께'로 수정될 예정이다. 마지막 부분에 대화구가 또 있다. "마음을 드높이/ 주님께 올립니다"를 노래로 주고받으면 거룩한 신비를 맛보는 듯하다.

감사송(Prefatio)의 끝 부분은 "그러므로 저희는 모든 천사와 성인과 함께 아버지의 영광을 찬양하나이다"로 맺고 연이어 '거룩하시도다'를 모든 이가 환호한다. 위에서 모든 천사란 하느님의 메신저로서 하늘과 지상을 오가는 영적 존재로서 교리로 정해진 것이다. 천사 이름은 3대 천사인 미카엘, 가브리엘, 라파엘이 있고 모두 9품이 있다. 1품 천사는 세라핌, 2품 천사는 케루빔으로 시작하여 8품 천사가 대천사이고 일반 천사는 9품 천사이다. '거룩하시도다' 노래는 모든 천사와 성인이 함께 대합창을 이루는 의미 있는 노래이다. 로마 미사전례서에는 전례력과 지향에 따른 67개의 감사송이 수록되어 있다.

거룩하시도다

미사 때 모든 공동체가 함께 부르는 노래(제1급 성가)이다. 전례 상 의미가 큰 '환호'이므로 평일 미사에도 노래로 부르는 것이 권장된다. 미사 때 부르는 노래 중에 단 한 곡만 선정하라고 하면 이 곡을 추천하는 전례 음악가들이 많다. 노래 전체로 4번의 환호가 있다.

제1 환호 : 거룩하시도다! 거룩하시도다! 거룩하시도다!

제2 환호 : 온 누리의 주 하느님! 하늘과 땅에 가득한 그 영광!

제3 환호 : 높은 데서 호산나!

제4 환호 : 주님의 이름으로 오시는 분, 찬미 받으소서, 높은데서 호산나!

"거룩하시도다(Sanctus)"에서 마지막 "호산나(Hosanna)"는 '저희를 구원하소서'라는 히브리말에서 온 것이다. 하늘나라에는 "거룩하시도다"만을 부르는 천사들이 있다고 묵시록에 기록되어 있다. 그래서 '천사들의 찬미가'라고도 한다.

"거룩하시도다"를 연이어 3번 환호하는 이유는 유다인에게 있어서 3이라는 숫자는 완전함을 뜻하는 데서 기인한다. 이 노래도 1급 성가로 사제, 성가대, 회중이 하나되어 크게 찬미하는 것이 좋다.

"거룩하시도다"는 원래 제1, 제2, 제3 환호인 "거룩하시도다(Sanctus)"와 제4 환호 "찬미받으소서(Benedictus)" 두 부분이 합쳐진 것이다. 중세 후기에 작곡된 다성음악(모테트) 미사곡들은 공통적으로 제4 환호 부분을 합창 파트를 줄이거나 단순화하고 악상을 부드럽게 만든 것을 볼 수 있다.

"그들은 서로 주고받으며 외쳤다. 거룩하시도다, 거룩하시도다, 거룩하시도다, 만군의 주님! 온 땅에 그분의 영광이 가득하다." (이사 6, 3)

신앙의 신비여 '응답' 노래

빵이 성체로, 포도주가 성혈로 성변화하는 것처럼 신비로운 것이 어디에 또 있을까? 이 결정적 순간에 사제가 "신앙의 신비여!" 하고 환호하면 "주님께서 오실 때까지, 주님의 죽음을 전하며 부활을 선포하나이다!" 하고 모든 이가 응답한다. 하느님의 신비에 대한 회중의 환호는 특별히 '기념 환호'라고도 한다. 전례학자들은 이 노래야말로 어느 노래보다 중요하다고 입을 모은다. 이 노래를 그냥 읽는다면 너무나 무의미하다. 이 응답 노래도 전례력에 따라 연중, 사순, 부활 3개가 있으므로 적절히 바꾸어 부르는 것이 좋다. 연중(가) 양식 노래를 일 년 내내 계속 부른다고 해서 전례 상 틀린 것은 아니지만 설에는 만두를 먹고 한가위 때는 송편을 먹지 않는가?

마침 영광송 '아멘' 응답

사제의 기념과 봉헌, 성령 청원 및 전구가 끝나면 마침 영광송 응답이 있다.

"아멘(Amen)"이야말로 가장 짧은 단어로 모든 것을 마무리 짓는 고백이다. 원뜻은 히브리어에서 '그렇게 되다'인데 확신과 소망이 담긴 환호, 맹세이기도 하다. 앞서 사제가 전구를 구하고 청원한 모든 것이 이루어지기를 회중이 간절히 바라는 것이다. 우리가 소중한 집이나 토지를 사고팔 때에 매매 계약서를 작성하고 마지막 인감도장(서명)을 찍는 순간이 바로 아멘이다. 우리 순교자들도 관가에 잡혀가 처절한 신문을 받고 배교의 유혹을 받을 때도 "나는 천주교인이요"하고 목숨을 던졌다. 이 행위가 아멘이다. 영성체 때 성직자나 성체 봉사자가 "그리스도의 몸!" 하고 성체를 내주면 그리스도의 몸으로 받아 모시는 응답이 "아멘"이다.

아멘을 말로 할 때는 한 번으로 끝나지만 노래로 할 때는 보통 3번 이상 반복한다. 아멘 만을 노래하는 오라토리오 곡(아멘 송)도 있다 개신교 찬송가에는 모두 아멘으로 끝낸다. 아멘은 나라에 따라 영어식으로 "에이멘" 하거나 발음이 다를 수 있지만 원어는 공통으로 쓴다.

4세기경 이태리 밀라노 주교였던 성 암브로시오의 성당에서는 "아멘" 소리가 마치 천둥 소리와 같았다고 한다. 이런 환호 노래를 조용히 또는 자신감 없는 목소리로 불러서는 안 된다.

"온 백성이 '아멘' 하고 주님을 찬양하였다."

(1역대 16, 36)

주님의 기도

주님께서 친히 가르쳐 주신(마태 6, 9) 최고의 기도문이다. 영성체 예식에 들어가서 모든 이가 함께 부르는 제1등급 성가이다. 사제의 초대와 회중의 응답 형태로 그레고리오 성가가 원조이다. 성가책에 여러 작곡자의 곡이 수록되어 애창되고 있고 국악곡, CCM 곡도 나오고 있다. 교회는 무분별한 기도문의 남용을 우려하여 주님의 기도를 노래로 할 때는 주교회의의 인준을 받도록하고 엄격하게 규정하고 있다. 이러한 취지를 감안할 때 젊은 층이 선호한다고 하여 외국 팝송에 비슷한 가사를 붙인 노래들은 전례에 쓰면 안된다. 교회법(교황청 성음악 훈령 제57조)에도 맞지 않는 것이다.

주님의 기도(Oratio Dominica)는 흔히 빠떼르 노스떼르(Pater Noster)라고도 하는데 첫 가사인 "하늘에 계신 우리 아버지(Pater noster qui es in caelis)"에서 나온 것이다. 개신교의 '주 기도문'도 성경에서 나온 것인데 번역이 조금 다르다. 새 번역문은 가톨릭 교회 주님의 기도와 상당히 접근했다. 같은 주님의 기도라도 가톨릭 교회는 마태오(6, 9-13) 복음을, 개신교회는 루카(11, 2-4) 복음을 원전으로 썼기에 차이가 난다. 유명한 미국 말로테의 주 기도문 곡은 가톨릭 교회 전례에는 맞지 않는다. 공식 기도문에 있는 구절이 빠진 곡이다.

교황 베네딕토 16세는 여러 언어를 쓰는 백성의 교류와 여행이 많아지고 공동 미사나 예절을 하는 사례도 증가하므로 라틴어로 된 주님의 기도를 부를 것을 권고한 바 있다. 2014년 8월 15일 서울 광화문 광장에서 거행된 124위 시복미사(교황 프란치스코 주례)에서 '주님의 기도'를 그레고리오 성가(Pater Noter)로 바쳤다. 전국에서 약 100만 명이 참례한 역사적인 장엄 미사였다.

주님의 기도 맺음 '환호'

미사 때는 주님의 기도를 바친 후 "아멘"을 붙이지 않는다. 뒤이어 사제의 후속 기도가 이어진 후 "주님께 나라와 권능과 영광이 영원히 있나이다"가 있기 때문이다. 이 역시 환호 노래에 속하므로 힘차고 기쁘게 부른다.

"그러므로 너희는 이렇게 기도하여라."

(마태 6, 9)

하느님의 어린양

영성체 직전 평화의 인사 후에 평화의 찬가를 부르는 것이다.

성변화로 예수님의 몸이 된 성체를 쪼개고 나누는 동안 부르는 행렬 성가이다.

라틴어로 '아뉴스 데이(Agnus Dei)'인데 앞서 자비송과 마찬가지로 성가대와 회중이 교창하는 연도 형식이다. 한글 번역문이 여러 번 바뀌었다.

'천주의 고양'이었다가 '천주의 어린양'으로, 다시 '하느님의 어린양'이 되었다. 한문 어투에서 한글로 바뀐 것이다. 앞 구절을 3번 반복하고 마지막엔 "평화를 주소서"로 맺는다.

하느님의 어린양, 세상의 죄를 없애시는 주님,

자비를 베푸소서.

하느님의 어린양, 세상의 죄를 없애시는 주님,

자비를 베푸소서.

하느님의 어린양, 세상의 죄를 없애시는 주님,

평화를 주소서.

똑같은 가사와 선율을 두 번 하고 마지막엔 가사만 바뀌는데 성체 분배 준비 시간이 오래 걸릴 경우에는 앞 첫 구절을 여러 번 반복해도 된다. 연도 형식이기에 마지막에만 "평화를 주소서"로 맺으면 된다.

사제는 회중 및 여러 동료, 봉사자들과 평화의 인사를 하고 회중도 사제 및 이웃 신자들과 인사를 나눈다. 이때 노래나 율동을 해서는 안 된다. 아프리카 사람들이 율동하는 것은 그들 토착화 전례이다. 또한 세속적 안부를 묻는 평화가 아니라 주님의 평화를 조용히 나누는 것이다.

"보라, 세상의 죄를 없애시는 하느님의 어린양이시다."

(요한 1,29)

영성체송/ 영성체 성가

영성체송(領聖體誦, Antiphona ad communionis)은 예수님의 몸을 받아먹는 행렬 노래이다. 원래는 화답송처럼 후렴구가 있고 시편구(Versus)가 있는 연도 형식이었는데 시편구는 없어지고 후렴만 남은 것이 오늘날 영성체송이다. 매일 매일 전례력에 따라 가사가 다른 고유문으로 일종의 따름 노래였다. 현실적으로 영성체송을 다함께 낭송하고 영성체 성가를 부르는데 전례적으로 보면 어색하다. 왜냐하면 영성체송은 영성체 성가와 같은 용도인데 더 중요한 영성체송을 소홀히 다루듯 낭송하고 나서 영성체 성가에 집중하는 모양새라서 그렇다. 새 성가책에는 고유 영성체송이 많이 작곡되어 수록되어 있으므로 활성화되기를 기대한다.

영성체 성가는 영성체의 기쁨과 영신적 일치를 이루는 신자들의 행렬 노래라고 정의한 바 있는데 가톨릭 성가책에는 찬미가와 코랄 곡들이 많다. 과거 성가책에는 성가 분류에 '성체'로 된 곡들이 많았다. 성체 찬미가와 성체를 받아 먹는 영성체 성가를 따로 분리하지 않았기 때문인데 '지존하신 성체 앞에'(딴뚬에르고, Tantum ergo) 같은 곡은 성시간이나 성체 조배에 적당한 노래이고 '만나를 먹은 이스라엘 백성' 같은 노래는 영성체에 합당한 성가이다. 성가대 활동이 활발한 본당에서는 영성체 시간에 특별 찬미가(특송)을 연주하기도 한다. 영성체 후 묵상에 도움을 주는 목적인데 성가대에서 공을 많이 들인다. 특별 찬미가도 좋지만 때로는 거룩한 침묵이나 오르간 묵상곡도 권장할 수 있다. 자세한 내용은 셋째 마당에서 후술한다.

"이것은 너희들을 위하여 주는 내 몸이니

나를 기억하여 이 예를 행하여라."

(코린토1서 1, 24)

마침 예식

강복

미사의 마지막 단계(순서)는 파견 강복이다. 신자들에게 복을 빌어주고 응답하는 대화구가 오간다. 강조하건대 대화구 역시 노래이다.

주님께서 여러분과 함께/ 또한 사제와 함께(또한 사제의 영과 함께).

전능하신 천주 성부와 성자와 성령께서는 여기 모인 모든 이에게 강복하소서.

"아멘"

파견 성가

사제와 회중의 대화구가 이어진다.

미사가 끝났으니 천주께 감사합시다(알렐루야)./하느님, 감사합니다(알렐루야).

대축일 때는 알렐루야를 노래로 덧붙인다. 사제의 노래 선율과 회중 선율 악보가 같으므로 가사만 바꿔 노래하면 된다.

여기까지가 공식 미사 순서이다. 대 수도원 성당에서는 수사들의 행렬이 길므로 오르간 연주를 하고 마치기도 한다. 회중이 성모찬미가로 "여왕이시며(살베레지나, Salve Regina)"를 부르기도 한다. 성모찬미가는 전례력에 따라 4곡이 있다.

이어서 부르는 파견 성가는 전례력에 맞는 성가나 찬미가 또는 성모 곡을 부르는 것이 좋다. 파견 성가는 주례 사제의 퇴장 전/후 노래인데 미사가 모두 끝난 상황이므로 전례적으로 큰 의미는 없다.

"의인들아, 주님 안에서 환호하여라.
올곧은 이들에게는 찬양이 어울린다."

(시편 33, 1)

후주

미사가 끝나고 신자들이 퇴장하는 동안에 성가대나 신자들에게 봉사하는 연주이다. 미사 시작 전 전주와 같은 개념으로 전례상 순서는 아니고 선택 사항이다. 성가대 합창이나 오르간 연주 또는 관현악 합주가 가능하다. 선곡 범위도 폭 넓게 잡을 수 있고 복음을 전파하러 나아가는 신자들에게 기쁨과 격려를 줄 수 있다. 후주는 외국 성당에서도 많이 볼 수 있다. 성가대 합창이 훌륭하면 이에 매료되어 성가대 가입하는 신자들도 있다.

성경과 성가책

신앙생활에 필수적인 책 두 권을 꼽으라고 한다면

성경과 성가책이라고 권하고 싶다. 성경은 하느님이 우리에게 주신 **선물**(말씀)이고 성가는 우리가 하느님께 보답하는 찬미이다.

셋째 마당_

성가 관련 용어의 해설

셋째 마당에서는 가나다 순으로 용어를 해설한다.

교회선법/ 그레고리오 성가/ 다성음악/ 독창자/ 떼데움/ 라틴어/ 마니피캇/ 미사곡/ 성가대/ 성가대원, 지휘자와 반주자/ 성가의 빠르기/ 성가책 역사 1/ 성가책 역사 2/ 성수 예절 노래/ 성음악 감독/ 장엄성에 따른 미사/ 오르간/ 특별 찬미가/ 트리덴트 전례/ 호칭기도

교회 선법(旋法)

선법이란 음계의 움직임을 규정짓는 법칙이다. 교회선법은 그레고리오 성가의 여덟 가지 선법을 이르며 4개의 정격과 4개의 변격 선법이 있는데 중심음이 어느 위치에 있는가에 따라 선율 성격이 달라진다. 노랫말에 따라 기쁨을 나타내는 선법, 장중한 분위기를 내는 선법 등을 택하여 시편 성가를 부르게 되어있다. 성가책에 가사가 없는 악보 8개가 바로 이것이다. 8개 선법 외에도 불규칙 선법과 여행자(순례자 선법) 그리고 직영창 선법 등이 있으나 논외로 한다. 이 선법들은 필요한 가사로 된 곡이 없을 때 임의로 적당히 가사를 배열하여 부를 수 있는 것이다.

이 항은 성가대 지휘자에게 해당되며 보다 상세한 선법 이론은 교회 전례 음악 또는 다른 전문 서적을 참고하기

바란다. 악보(75쪽)는 성지주일에 부르는 행렬 노래 '호산나, 다윗 후손' 악보이다. 로마 성가집(그라두알레 로마눔(Graduale Romanum), 바티칸 공식 성가집) 네우마에 생갈 수도원식 기호가 첨가된 2중 악보이다. 4선보 위에 기호가 한 줄 더 붙은 것은 라옹 본이라고 하며 3중 악보, 'Triplex'라고 한다.

그레고리오 성가

그레고리오 성가 Cantus Gregorianus는 전교와 전례 성가에 공이 많았던 그레고리오 교황(재위 590~604년, 정식 호칭은 그레고리오 1세 대교황으로 제63대 교황이다)의 이름을 따서 그레고리오 성가라고 한다. 교황은 베네딕토 수도원을 창설하였고 성무일도에 익숙하여 성가에 조예가 깊었다. 6세기경 인재들을 사방으로 보내어 그 지방(오늘날 영국, 스페인, 그리스, 이집트, 터키 등)에서 사용되는 노래를 집대성하여 최초의 성가집 안티포나리움(Antiphonarium)을 펴냈다. 약 1,600곡을 수집했는데 몇몇 곡은 직접 작곡하였다고 전해진다.

그레고리안 찬트(Gregorian Chant)라고도 하는데 영어 발음이다. 줄여서 '챈트'라고도 한다. 한국교회 표준어는 '그레고리오 성가'이다. 그 당시에는 성가를 아무나 부를 수 있는 것이 아니어서 교회의 부름을 받은 남자만이 직업적인 성가대원이 되었다. 그레고리오 성가는 서양 음악의 원천이며 교회의 재보(보물)로 여겨진다.

그레고리오 성가의 특징은

① 전례용 음악이다: 모든 가사는 성경과 전례서에서 나온다.

② 단선율이다: 화성 개념이 없다. 그러나 선율만으로도 신비롭고 우아하다.

③ 전음계적 음악이다: 8개의 전음계와 자연음으로 되어 있다.

④ 장식적인 멜로디를 쓴다: 화려한 장식음(멜리스마)이 있다.

⑤ 자유롭고 유동적인 리듬 형식이다: 불규칙한 혼합(2박, 3박) 박자이다.

⑥ 라틴어 가사이다: 라틴어의 음율과 억양을 고려하여 작곡되었다. 즉 곡과 가사가 조화를 이룬다. 다른 언어와는 잘 맞지 않는다.

⑦ 숭고한 기도 음악이다: 자연스럽게 기도로 부를 수 있는 곡이다. 도약이 없다.

⑧ 남성용 무반주 성악곡이다: 굵고 중후한 남자 목소리가 잘 어울린다.

그레고리오 성가는 지금도 예전의 4선 악보에 사각 음표(네우마)를 쓴다. 현대 악보로 옮겨서는 제맛을 느끼기 어렵기 때문이다. 마치 멸치 국물과 인공 조미료 국물 맛 차이라고나 할까.

역대 교황들은 그레고리오 성가를 교회 보편적인 음악으로 장려하였다. 특히 현대에서도 성 베네딕토 16세 교황(재위 2005~2013년)은 지구촌 시대에 여러 나라 민족들이 공동 전례와 기도 편의를 위해서라도 라틴어 성가(특히 '주님의 기도'와 '신경')를 장려하도록 하셨다. 우리나라에서도 여러 교구에서 그레고리오 성가 교육과 그레고리오 성가 미사를 드리고 있지만 성소 못자리인 신학교에서부터 라틴어와 교회음악 교육시간이 줄었고 수도원이나 본당 차원에서도 발전시켜 나가기 어려운 환경이다.

그레고리오 성가와 관련하여 오늘날 우리가 악보를 보고 귀로 듣는 성가는 고대 그레고리오 성가와 같을까? 그렇지는 않다. 끊임없이 발전되어 왔는데 시대적으로 보아 선(線) 없는 악보 시대(11세기 까지), 선 있는 악보 시대(12세기 까지), 4선 악보에 사각 음표 시대(13세기 이후)로 변천되었다. 현대 그레고리오 성가 악보는 19세기 프랑스 솔렘 수도원을 중심으로 이론적으로 체계화 되었다.

다성음악

다성음악은 라틴어 폴리포니아(Poliphonia)에서 유래한 복음악(複音樂)을 이른다. 서기 9세기까지는 단선율인 그레고리오 성가가 보편화되었으나 차츰 두 음정 또는 서너 음정 간에 울림이 좋은 화성 개념이 도입, 발전되어 한 주제(가사)에 여러 개의 독립된 성부가 진행하는 합창곡이 유행하게 된다. 형식에 따라 '모테트'와 '레스폰소리움'으로 분류한다. 작곡 기법상 모테트는 수평적 진행형, 예술적인 합창답고 레스폰소리움은 수직적 진행에 웅변적이며 낭송(레치타티보)형에 가깝다. 전례적인 면이 강하다.

오늘날 우리가 성가책에서 보고 부르는 성가들은 한가지 가사를 멜로디(소프라노 파트)가 노래하고 다른 파트들은 수직화음으로 받쳐주는 단성음악 즉 호모포니(Homophony)이다. 이에 비하여 다성음악은 소프라노, 알토, 테너, 베이스 또는 동성간 여러 파트가 얽히고 설키듯이 엮어 가며 절묘한 화성을 이루어 진행한다. 지휘자 없이는 파트 진입과 박자 맞추기가 어려워서 신자들의 제창은 불가능한 고난도 합창곡이다.

다성음악은 약 15세기경 르네상스(문예부흥) 시대를 지나며 그 절정을 이룬다. 전례 목적으로 작곡된 다성 음악곡들은 높은 예술성으로 종교와 시공을 뛰어넘어 지금도 고전 음악 애호가들의 사랑을 받고 있다. 다성음악은 수준 높은 성가대에서 많은 노력을 기울여야 연주가 가능하며 울림이 좋은 성당에서 무반주로 부를 때 효과가 극대화된다. 로마 성 베드로 대성당 지휘자였던 팔레스트리나(G.P. Palestrina)의 "사슴이 시냇물을 그리워하듯(시꿋 체르부스, Sicut cervus)"이나 알레그리의 "미세레레(Miserere)"같은 전례곡은 교회 합창단이나 성가대들의 연주 선호 곡이다.

"사슴이 시냇물을 그리워하듯
하느님, 제 영혼이 당신을 이토록 그리워합니다."

(시편 42, 2)

독창자

복되어라, 주님 대전에서 독창자로 선택된 사람!

독창자는 사명감과 자부심을 가져 마땅하다. 구약시대 유다 회당에서부터 신약시대를 거쳐 중세에 이르기까지 독창자는 시편 창자, 선창자 등의 명칭으로 귀한 존재였고 6세기경부터는 소년들을 선발하여 교회음악학교(스콜라칸토룸, Schola Cantorum)에서 체계적인 교육을 시켰다. 이들은 훗날 직업 성가대원이나 부제, 사제가 되었다.

교회음악에서 임명받은 독창자는 '칸토르(Cantor)'라고 하여 화답송이나 시편 성가를 선창하거나 회중 제창을 이끌었다. 오늘날 교회에서는 미사곡 중 독창이나 특별 찬미가를 독창하는데 시편 창법을 익힌 사람이 불러야 한다. 일반 무대와 주님 제단은 창법이 달라야 한다. 오페라 가수형이 아니라 목소리 좋은 성우가 시 낭송하듯 자연스러운 발성으로 가사 전달이 잘되는 창법이라야 한다. 시편 성가 독창자는 남성이 부르는 것이 교회의 오랜 관습이었다. 교회음악에서는 공연 무대 위주의 성악가를 뜻하는 것이 아니다.

떼 데움

라틴어 '떼 데움(Te Deum)'은 직역하면 '주님 당신을'이다. 노래 첫줄 가사 'Te Deum Laudamus, Te Dominum confiterum'에서 나온 노래 제목이다. '사은 찬미가'로 번역되어 있는데 기록에 의하면 4세기 밀라노 주교였던 성 암브로시오 주교가 후일 학자 주교가 된 성 아우구스티노에게 세례를 줄 때 즉흥적으로 한 구절씩 주고받은 노래로 알려져 있다. 마치 조선 시대에 선비들이 경치 좋은 정자에 앉아 주제를 정하고 즉흥시를 읊듯이 말이다. 가사는 길지만 매우 장엄한 특대 영광송이다.

잘 알려졌듯이 성 암브로시오는 평신도에서 바로 사제, 주교가 된 입지적 인물이고 교권과 교리 수호를 위해 당시 황제와 대결했던 분이다. 성 아우구스티노는 아프리카 출신으로 젊은 시절 방탕한 생활과 마니교에 심취했다가 어머니(성녀 모니카)의 기도 덕분에 회개하고 사제와 주교가 된 분이다. 성가 '주 천주의 권능과'는 이 노래의 의미를 함축한 곡이다. 떼 데움 가사는

주 찬미하나이다,
주를 믿어 고백하며,
영원하신 성부…
(중략)
당신께 바란 몸 부끄럼이 없으리,
영원토록 영원히, 영원히.

이 가사를 텍스트로 하여 나온 곡은 GR(Graduale Romanum)에 3곡이 수록되어 있고 유럽 유명 작곡가의 모테트 여러 곡, 그리고 한국 이문근 신부 곡(라틴어, 남성3성부)과 백남용 신부의 한글 편곡 등이 있다. 연주시간 약 8분으로 쉽지 않은 곡이다. 주교 서품 미사나 수도원 종신 허원 미사 등 장엄한 전례에 불린다.

라틴어

가톨릭 교회의 언어와 전례 및 성가에 관해서라면 라틴어를 빼고 얘기할 수 없다.

제2차 바티칸 공의회의 이전에는 미사 전례문은 라틴어 전례서에 의거했다.

성가도 라틴어로 된 그레고리오 성가와 다성음악(모테트, 레스폰소리움)이 불리었다.

라틴어가 교회 언어로 뿌리를 내리게 된 동기는 성 예로니모(342~420년)가 교황의 지시를 받고 히브리어로 된 구약성경과 그리스어로 된 신약성경을 라틴어로 번역하여 공식 성경으로 쓴 때부터이다. 당시 로마에는 이미 2세기부터 라틴어가 상류사회와 교회에서 쓰이기 시작했다. 그 후 약 일천오백 년 동안 라틴어가 사용되다가 공의회의 이후 전례 쇄신 차원에서 각국어로 미사를 집전할 수 있게 되어 라틴어는 보존어로 남게 되었다. 그러나 라틴어는 오랫동안 신학, 의학, 철학, 문학, 음악 등 분야에서 고상한 언어로 사용되어왔기에 회화체는 사라져도 문어체는 여전히 중요한 기록 언어이다.

현재도 로마 교황청에서는 영어, 이태리어와 함께 라틴어가 공용어로 쓰이고 있다. 공동기도나 중요한 회의에서 성가도 라틴어 성가를 부른다. '라틴(Latin)'이라는 말은 로마를 둘러싸고 있는 지역 명칭인데(서울을 둘러싸고 있는 경기도처럼) 로마 제국시절 워낙 당시 최고의 국가이고 문화의 중심이였기에 여러 명사 접두어로 많이 활용되고 있다. 가톨릭교회를 동유럽이나 러시아에서는 라틴 교회라고 부르기도 하며 라틴 아메리카는 스페인어권 중남미를 지칭하기도 한다. 한국 최초의 사제이며 순교 성인인 성 김대건 안드레아 신부도 순교 전에 남긴 이십여 통의 서신들도 모두 라틴어로 기록되어 있고 2000년에 개정 공포된 '로마 미사경본 총지침'도 라틴어로 발간되었다. 가톨릭 성가책에도 라틴어 원어로 수록된 성가가 40여 곡이 있다.

라틴어는 지금은 없어진 언어인데 왜 계속 배우고 쓸까? 라틴어는 서양 언어의 조상이다. 특히 이태리어, 불어, 스페인어, 독일어, 영어 등은 어원이 같은 단어가 많아서 쉽게 배운다. 한국에서 국어를 배울 때 고어(古語)를 배우듯이 서양에서는 라틴어를 배운다. 현재도 미국이나 영국에서는 중학교 1학년부터 가르친다. 라틴어는 생활어로 쓰는 나라가 없는 사어(死語)이다. 역설적으로 사어이기에 언어변화가 없어서 장점이 되었다. 지금은 영어가 지구촌 공용어처럼 쓰이고 있지만 중세 때는 당시 최고의 언어였고 많은 문헌이 라틴어로 되어 있어서 고전 연구에 필수이다. 가톨릭 교회의 사제, 수도자가 라틴어를 안 배우면 우리 후손들은 영어나 일본어로 번역된 문헌을 보고 2중 번역해서 써야 한다.

"그런데 내가 어떤 언어의 뜻을 알지 못하면,
나는 말하는 이에게 외국인이 되고
그 언어를 말하는 이는 나에게 외국인이 됩니다."

(코린토1서 14, 11)

성가 가사, 원어와 번역어

찬란한 음악을 꽃피웠던 중세에서 근세에 이르기까지 미사곡과 찬미가가 라틴어로 작곡되었는데 일일이 번역해서 쓰기도 어렵다. 왜냐하면 성악곡이란 말의 억양과 장단, 가락의 강약을 고려하여 만들어지기 때문에 잘 못 번역하면 원곡의 의미와 맛을 해치게 된다. 그 예를 들어보자. 독일 민요곡으로 '노래는 즐겁다'로 번역된 곡이 있다. 한글 악보를 보면 마디 선을 경계로 하여 불러보면 어색하기 그지없는데 수십 년이 지나도록 고쳐지지 않고 있다. 번역본이 여러 개인데 '노래는 즐겁구나', '노래를 즐겁다', '노래를 즐겁고' 중에서 어떤 것이 표준일지도 모호하다.

"노래는/ 즐겁고 나-/ 산 넘어 길"

위 예를 보면 헷갈리기 일쑤이다. 어떻게 보느냐에 따라 뜻이 달라진다.

노래는/ 즐겁고- / 나- 산 넘어 길

노래는/ 즐겁고나/ 산 넘어 길

다른 전례 음악 용어 예를 들어보자. 옛 성가책과 현 성가책을 비교해 보면 용어가 많이 바뀐 것을 보게 된다. 같은 뜻으로 쓰인 것이다.

층계경→ 층계송→ 응송→ 화답송

앞으로 30년 후에는 무슨 말로 바뀔지 모를 일이다. 언어는 생물이다.

번역의 어려움 예를 들어보자. 김소월 시 중에 「진달래꽃」이 있다.

나 보기가 역겨워 가실 때에는

죽어도 아니 눈물 흘리오리다

이 시를 외국의 어떤 언어로 누가 진국의 맛을 낼 번역을 할 수 있겠는가?

라틴어 성가는 라틴어로 불러야 곡이 산다는 논리가 여기에 있다. 즉 언어 특성에 따라 곡의 선율과 리듬, 박자, 마디가 달라지게 된다. 번역의 어색한 예를 몇 개 더 들어 보자.

너를 경애하는 우리를 돌보사(생명의 양식(Panis Angelicus) 2절)

홀로 양친은 깨어 있고(고요한 밤 거룩한 밤(Silent night) 1절)

네 머리를 꾸미오리(성모 성가)

이런 가사로 노래 부르거나 들을 때 분심이 든다. 외국어에서 '너'는 친근한 관계에서 쓰지만 한국어에서는 동년배나 아랫 연배에 쓰는 호칭이다. 라틴어에서 2인칭 뚜(Tu)가 좋은 예이다. 이를 사전적으로 직역하면 위와 같은 사레가 발생한다. 작곡된 지역의 언어와 문화 그리고 전통을 모르고 번역하여 불경하게 부르기 보다는 원어인 라틴어로 부르는 것이 합당하지 않겠는가? 최근 교회 합창단 연주회 때 라틴어로 연주하고 번역 가사를 프로젝트 빔으로 비춰서 이해에 도움을 주는 사례들은 가상하다. 다행히 새 성가책에서는 이런 문제를 많이 해소했지만 원어보다는 나을 수가 없다.

원어인 라틴어로 부르는 것까지는 좋은데 발음을 어떻게 하느냐에 따라 시비가 일어나기도 한다. 이태리에서 배운 지휘자와 프랑스에서 배운 지휘자. 독일에서 공부한 지휘자와 미국에서 공부한 지휘자가 발음이 달라서 청중 입장에서는 어느 발음이 맞는지 궁금할 때가 많다. 물론 외국인이 현지인의 발음을 정확히 내기는 어렵다. 그래도 듣기 거북해서는 곤란한 일이다. 예를 들면 미사곡에 많이 나오는 'Miserere'의 경우 미세레레/ 미쎄레레/ 미제레레/ 미제렐레/ 미세렐레 어느 것이 좋은 발음일까.

국제표준이라고 할 수 있는 발음은 고대 라틴어도 아니

고 현대 라틴어도 아니며 라틴어가 실제 사용되었던 지중해와 이태리 남부 지역에서 쓰던 교회 라틴어이다. 즉 '미세레레'가 가장 가깝다. 독일이나 미국에서 그 사람들이 하는 발음을 한국 성가대나 합창단에서 적용하려고 무리하면 안 된다. [몇 년 전에 저명한 일본 합창 지휘자가 합창단을 이끌고 로마에서 연주를 했다. 연주회 후 로마 신문에 논평이 나왔는데 "발음이 이상했다" 였다. 로마인들이 듣기에 바흐의 미사곡 가사가 거슬렸던 것이다.]

"주님께 불러드려라, 새로운 노래를."

(시편 96, 1)

마니피캇

마니피캇(Magnificat)은 '마리아의 노래' 또는 '성모 찬가'로 번역된다. 동정녀 마리아가 아기를 잉태한 후 사촌인 엘리사벳을 찾아갔을 때 그녀의 뱃속에서 아기(세례자 요한)가 주님을 알아보고 뛰놀았다는 대목의 말씀(루카 1, 46-55)이다. 이 노래는 성모 찬양 노래가 아니라 성모님이 주님을 찬양한 노래이다.

“내 영혼이 주님을 찬송하며 나를 구하신 하느님께 내 마음 기뻐 뛰노나니”로 시작되는 이 찬송은 많은 이들의 기도로, 노래로 바쳐졌다. 특히 성모성월인 5월에는 매일 미사 전, 후에 바친다. 첫 가사 마니피캇이 노래 제목이 되었는데 여러 가지 뜻이 있다. 찬미, 찬양, 놀람…. 보통 찬미가 아니라 벅찬 기쁨과 함께 최상급 찬미, 찬양이라고 보아야 한다.

미사곡

미사 때 부르는 노래는 그리스도의 희생 제사이고 노래는 제사 음악이다.

미사곡이란 둘째 마당에서 설명한 미사통상문을 노래로 작곡한 작품이다. 연중(年中) 주일에는 우리 말 미사곡을 성가대와 회중이 교창하며 부르지만 부활대축일이나 성탄대축일 때는 좀 더 장엄한 미사곡을 봉헌하고자 라틴어 미사곡을 부르는 경우가 많으므로 약간의 보충 설명이 필요하다. 미사곡은 전례 속에서 정형화 되어있다. 악보 기준 5악장이다.

자비송(Kyrie) 주님 자비를 베푸소서

대영광송(Gloria) 하늘 높은데서는 하느님께 영광

신경(니케아) (Credo) 한 분이신 하느님을 믿나이다

거룩하시도다(Sanctus) 거룩하시도다 + 찬미 받으소서(Benedictus)

하느님의 어린양(Agnus Dei) 하느님의 어린양, 세상의 죄를 없애시는 주님

위 구성을 보면 '자비송'과 '대영광송'은 말씀전례 부분이고 '거룩하시도다'와 '하느님의 어린양'은 성찬전례 부분이다. 중앙에 신경이 자리하고 있다. 그만큼 중요한 신경인데 이 노래는 가사가 길고 다함께 합송해야 하는 사목적 판단이 있어서 통상 노래로 하지 않고 낭송한다. 다만 미사 전례가 아닌 연주회장에서는 신경도 연주한다.

옛날에는 자비송을 빼고 대영광송부터 작곡한 이도 있고 '거룩하시도다'와 '찬미받으소서'를 분리하여 두 악장으로 작곡하기도 했다. 그 당시 전례와 현 전례가 다르기 때문이다. 5개 악장은 세트 개념이 아니고 각 악장이 독립된 노래이다. 따라서 자비송은 하이든 곡을 연주하고 대영광송은 모차르트 곡을 연주해도 된다는 뜻이다. 더 중요한

것은 전례 음악에서는 가사(텍스트)가 우선이므로 가사가 교회 공식 기도문과 같아야 한다는 점이다. 장엄한 미사 때 교회의 인준을 받지 않은 곡, 특히 가사가 변형된 곡은 연주할 수 없다.

음악 대가들은 대규모 오케스트라와 정상급 성악가를 필요로 하는 화려한 곡을 작곡하기도 하는데 근세까지도 음악가를 후원하는 소비자인 고객은 교회(주교)나 왕 또는 귀족들이었다. 따라서 이들 요청에 의하여 화려한 곡을 만들었기에 긴 연주시간, 교회 내에서 연주하기 적합하지 않은 악기 사용 등 문제가 있었다. 이런 작품들은 교회음악이지만 전례용이 아니라 무대 연주용이다. 예를 들면 모차르트 대관미사곡이나 베토벤의 장엄미사곡 같은 대곡은 연주용이라고 보아야 한다. 대축일에 성가대가 라틴어 미사곡을 봉헌하면 신자들 반응이 엇갈린다. 성가대가 신자들을 대표하여 주님을 좋은 음악으로 봉헌하니 좋은 일이라고 보는 견해와 미사 통상문을 왜 성가대만 독점하느냐, 더구나 알아듣지도 못하는 라틴어는 외국어 아니냐는 견

해이다. 이에 대한 정답은 없다.

그런데 우리가 애창하는 성가의 대부분이 유럽에서 유래된 곡들이고 서양 음악 이론에 따른 선법과 조성에 기초한 음악이다. 전례적으로나 음악적으로 좋은 노래라고 검증받은 노래가 대개 라틴어 미사곡이다보니 자연히 선호도가 높다. 좋은 음악을 연주하고자 하는 지휘자와 성가대원들의 소망이 있게 마련이다. 축제에 적합한 선곡이 어려운 이유 중 하나이다. 전례와 전례 음악에 관한 문헌인 교황청의 '전례헌장'에서도 그레고리오 성가는 성가 중에 으뜸이라고 정의하고 있고 그레고리오 성가를 주제 선율로 하여 작곡된 다성음악 역시 대축일 축제에 합당한 작품이다. 또한 주교좌 대성당과 신학대학교 등에서는 그레고리오 성가와 다성음악을 보존해 나갈 것을 권고하고 있다.

사순시기이든 부활시기이든 구별 없이 똑같은 우리 말 미사곡을 노래하는 것은 일 년 내내 옷 한 벌로 지내는 것과 같다. 평일 날 먹는 음식과 명절에 먹는 음식이 같지 않듯이. 전례주년과 전례력에 따라 적절한 의복과 음식을 마련하는 정성이 필요하다. 우리 말 미사 곡은 국악 미사곡을 포함하여 다소 늘었지만, 부족한 현실이다. 작품성도 고려해 보아야 한다. 그러나 그레고리오 성가와 라틴어 미사곡은 수십, 수백 곡이다. 미사곡 중에서 '짧은 미사(Missa Brevis)'라고 명기된 악보가 있다. 전례용이다. 미사 시간을 고려하여 가사의 반복을 피하고 난이도를 성가대가 소화할 정도로 절제된 작품이다.

작은 마을 소성당(공소)에는 신자 수도 적고 성가대가 없다. 그러나 한두 사람의 독창자가 회중을 이끌고 독창도 할 수 있으면 아름다운 전례가 될 수 있다.

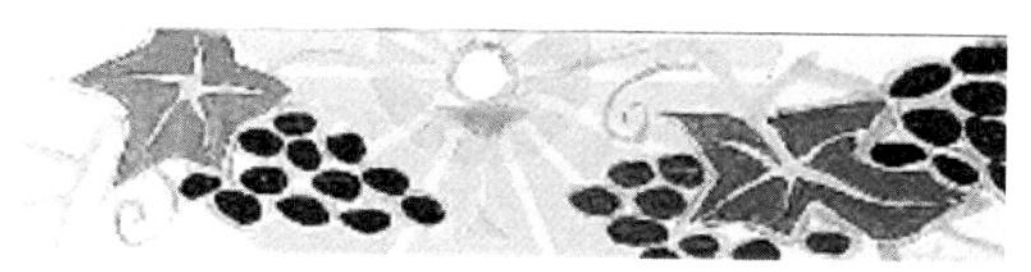

CCM

미국에서 유래한 '동(同)시대적 교회음악(Contemporary Christian Music)'은 이 시대에 유행하는 모든 장르의 교회음악을 총칭한다. 원래는 대중적 기악을 동반한 복음 성가인데 한국 천주교 주교회의에서는 논의 끝에 여러 음악, 즉 복음성가, 생활성가, 젠 성가, 테제성가, 영가 등을 망라하여 CCM으로 정의하기로 한 바 있다. 동시대적 음악이 무엇인가? 당연히 의문이 드는데 2000년에 살던 시기에서 보면 그때 유행한 교회음악이 CCM이고 2020년에 사는 사람은 그때 듣고 보는 새로운 교회음악이 CCM이다.

역사적으로 보면 영국 개신교에서 시작된 부흥회와 복음 성가가 19세기 미국으로 도입되어 대규모 집회에서 크게 유행한 음악이다. 집회와 찬양이 목적이므로 가사가 단순하고 감성적이며 곡조가 쉬워서 젊은이들에게 인기를 끌었다. 시대가 변하면 음악도 따라간다. 그러나 미국교회이든 한국 개신교회이든 정통 예배를 중요시하는 교회는 신중한 모습이다. CCM 중에 비전례적인 곡이 많아서 분별력이 부족한 봉사자들은 선곡에 어려움을 겪는다. 이에 착안하여 새 성가집에서는 수천 곡 중에서 엄선하여 약 150곡 정도를 수록하기로 한 바 있다.

CCM은 두 가지 측면에서 보아야 한다.

가사 내용 면에서 성가의 기준이 못 미치는 노래가 많다. 전례학 측면에서 보면 하느님과 인간의 관계는 수직적 관계이다. 그러나 CCM에서는 자칫 수평적 관점에서 접근한 곡이 있다. 템포가 빠른 랩 형식은 가사 전달을 어렵게 한다.

음악 형식 면에서 자연스러운 음의 진행(순차적이거나 도약이 적음)보다는 당김음이나 엇박자를 많이 써서 발랄하기는 하지만 모든 연령층을 대상으로 하기엔 적당치 않은 경우가 많다. 기악 반주도 오르간보다는 키보드에 타악기 같은 사운드를 선호하여 엄숙함과는 거리가 있다. CCM 애호가들은 '신앙의 생활화'를 주장하며 그룹 활동과 가정에서의 생활 성가를 선도함으로써 긍정적인 면이 있다. 문제는 CCM을 미사 전례에 도입하려는 사목자와 신자들이 있기 때문이다. 젊은 층이 선호하는 음악이라고 하여 포용할 것인가? 교회음악은 세속에 예민해서도 안 되며 제사 성격인 미사의 거룩함과 신비로움이 유지되어야 한다.

우리 조상들의 유교 문화를 보면 종묘 제례악 같은 예전은 매우 엄숙하다. 의관을 갖추고 정통 제례악을 연주했다. 사물놀이나 놀이패 음악은 상상할 수 없다.

"가인들이 앞서가고 악사들이 뒤따르며
그 가운데에서는 처녀들이 손북을 치는구나."

(시편 68, 26)

부속가

부속가(세켄시아, sequentia)의 사전적 의미는 연속적으로, 결과적으로, 이어짐의 뜻이고 전례 음악에서는 '이어지는 노래'이다. 예전 책에는 속창(屬唱)으로도 되어있다. 완전 독립적이 아니라 어느 노래에 부속된 개념인데 원래 '알렐루야에 속한 노래로 부속가'라는 뜻이고 알렐루야 노래의 마지막 음정에 맞춰 이어진 찬미가이다. 가사는 복음구보다 산문이 많다. 부르는 시기도 지금은 전례가 바뀌어 부속가를 먼저 부르고 알렐루야를 부른다. 예전에는 작곡된 부속가가 많았다. 거의 매 주일 미사와 대축일 때마다 부속가를 불렀는데 약 4,500여 곡이 되어 너무 남용된다는 주장이 제기되어 16세기 트렌트 공의회의 이후 대폭 정비하였다. 그 결과로 부활대축일, 성령강림대축일, 성체성혈대축일, 고통의 성모마리아 축일, 이렇게 4대 축일만 부르다가 그

중 2곡(부활대축일과 성령강림대축일)만 의무적이고 다른 2곡은 임의 선택적이 되었다. 한때 위령미사(레퀴엠) 부속가도 불렀으나 현재는 제외되었다. 교회음악 작품인 레퀴엠에는 디에스 이레(분노의 날Dies irae)로 남아있다.

전례를 잘 모르거나 준비되지 않은 성가대는 이런 부속가를 부르기 어려울 것이다. 일 년에 한 번, 즉 부활대축일만이라도 이 부속가를 불러서 그 뜻과 맛을 알면 좋을 것이다. 만일 여러 사정상 부활대축일 당일 부속가를 못 불렀을 경우에는 부활 8부 축제 기간 중에 자유롭게 부를 수 있다. 모두 그레고리오 성가인데 최근 한글 가사 합창곡도 나오고 있다. 가사는 심금을 울린다.

> 파스카 희생제물 우리 모두 찬미하세.
> 그리스도 죄인들을 아버지께 화해시켜,
> 무죄하신 어린양이 양 떼를 구하셨네

"이날은 주님께서 마련하신 날,
이날을 기뻐하며 즐거워하세."

(시편 118,1-2)

성가대

성가대의 역사는 교회의 역사만큼 오래되었다. 구약의 1 역대기에는 다윗 왕 시대의 모습이 기록되어 있다.

“레위인으로서 삼십 세 이상 되는 사람들만 등록시키니 장정의 수가 삼만팔천 명이 되었다. 그 가운데 이만사천 명이 야훼의 성전을 맡은 자였고 사천 명은 성가대원으로서 다윗이 만든 악기에 맞추어 야훼를 찬양하는 일을 하고 있었다.”

유다 열두 지파 중에 사제가 나오는 레위 지파에서만 성가대원이 나오는 것은 중요한 의미가 있는 것이다. 이 성가대는 직업 성가대이므로 다른 일보다 아침저녁으로 하느님을 찬양하였다. 성가와 성가대에 관심이 있는 사람은 레위기와 1역대기를 꼭 읽기 권한다.

신약시대를 지나 16세기까지만 하더라도 남성만이 미사에 성가대석에 설 수 있었다. 합창에 필요한 소프라노 파트는 소년이나 '카스트라토'라고 하는 특별한 남자들이 맡았다.

우리나라에서 최초의 남녀 혼성합창단은 1913년 서울 중림동(약현) 성당에서 서울 신학교와 성 바오로 수녀원의 연합성가대가 이뤄졌고 서울 명동 성당 가톨릭 합창단에서 1944년에 혼성합창단이 구성되었다. 오늘날 성가대라고 하면 여자가 압도적으로 많고 남자는 날로 귀한 존재가 되어가며 고령화 추세에 있다. 합창은 혼성 4부가 기본이다. 남성의 중후한 밑받침이 있어야 더욱 아름다운 찬미가 되는데 우려되는 현실이다. 1980년대만 하더라도 주일 교중미사와 대축일 미사는 청년 성가대가 맡았으나 점차 어머니 성가대 또는 장년 혼성 성가대에 밀려나거나 해체되는 딱한 실정이다. 성가대는 복사, 전례 봉사자와 함께 봉사하는 '전례음악 봉사자'이다. 교우들과 함께 찬미하기도 하고 교우를 대표하여 수준 높은 찬양을 바치는 단체이다.

연중 52주간과 대축일에 봉사하려면 끊임없는 연습과 노력이 수반되어야 하므로 각별한 희생 봉사심이 있어야 한다. 그 보람은 은총으로 보상 받는다.

성가대인가, 성가단인가? 교회 성가대는 코러스(Chorus)라고 한다. 성당 제단 주위에 타원형으로 좌석이 마련되어 있는데 이 자리를 코러스 라고 한다. 그래서 여성은 못 오게 된 유래이고 코러스는 성가대이다. 흔히 성가단이라고 하는 사람들이 있다. 그 책임자를 성가대 단장이라고 호칭하는 것은 문법적으로도 안 맞는다. 만일 큰 행사나 미사에 교중(본)성가대, 청년 성가대, 찬양 성가대 등이 연합하여 별도의 큰 성가대가 되었을 때는 연합 성가단이라고 할 수 있다.

성가대원, 지휘자와 반주자

성가는 '하느님을 찬미하는 노래'라고 첫째 마당에서 정의 한 바 있다. 성가대는 성경 말씀이나 전례문을 노래로 승화시킨 예술이다. '성가를 잘 부르는 것은 기도를 두 번 하는 것과 같다'는 격언도 있거니와 피조물 중에서 입술을 가진 인간만이 가진 특권이며 은총이다. 새들이 지저귀는 것은 제아무리 아름답게 들려도 가사가 없는 소리의 조합이다. 종족끼리 간단한 소통을 위한 소리이다.

성가대원은 축복받은 사람이다. 성가대원은 누구나 할 수 있는 것이 아니다. 우선 건강해야 한다. 성대에 이상 없고 천식 같은 질환이 없어야 하며 한 시간 이상 꼿꼿이 서서 노래할 수 있어야 한다. 성가대는 단체이기에 협동심이

강해야 하고 음악적 지식과 소질이 있어야 한다. 이러한 조건들을 갖추고도 직장이나 가정 환경이 성가대 활동을 가로막는 일이 허다하다. 무엇보다도 고령화되어가는 시대이다. 노인이 되면 청각, 시각, 음 감각이 떨어져서 성가대 활동을 접어야 할 때가 온다.

성가대 지휘자는 음악적 능력만으로는 부족하고 전례학, 전례음악에 대한 깊은 조예와 통솔력이 있어야 한다. 반주자는 용어에 관계없이 오르가니스트가 되어야 한다. 진정한 오르가니스트는 반주자의 범위를 넘어 독주자 및 지휘자와 함께 음악적 해석 동반자가 되어야 한다.

미사에 참례하며 성가대에서 봉사할 수 있다는 것만으로도 은총이다. 성가대 지휘자와 반주자는 그 사명이 더 크고 책임이 따른다. 늘 겸손하고 연구하며 주님과 대원들 앞에 겸손하게 봉사해야 한다. 우리나라에서 성가대 지휘자와 반주자에 대한 사례금 제도(유급화)가 빠르게 정착되어 가고 있다. 바흐 시대와 달리 교회 전속이 아니고 파트타임 개념이기에 충분한 사례금은 아닐지라도 감사하는 마음으로 봉사해야 마땅하다. 구약 시대에는 물론, 중세 말까지도 성가대원은 교회가 임명했고 충분한 교육과 경력을 쌓아야 성가대석(코러스)에 갈 수 있었다. 그것도 남자만 가능했다.

"할렐루야! 주님께 노래하여라,
새로운 노래를, 충실한 이들의 모임에서 찬양 노래 불러라."

(시편 149, 1)

성가의 빠르기

좋은 맛을 내는 음식에 고유 적정 온도가 있듯이 성가도 매 곡마다 알맞는 속도가 있다. 미사곡 중에서 자비송과 하느님의 어린양 같은 청원 기도(연도) 노래는 천천히 부르고 대영광송 같은 찬미가는 빠른 듯하게 부른다. 일반 찬미가도 부활 시기나 성탄 시기에는 기쁘고 빠른 듯 속도로 부르며 대림시기와 사순시기 및 위령 성가는 천천히 고요하게 부른다. 노래의 빠르기는 인간의 생체 리듬과 관련이 있다. 또한 상대적 개념이라서 같은 속도로 불러도 맥박이 느린 젊은이와 맥박이 빠른 노인은 다르게 느낀다. 일 년 내내 같은 속도로 부른다면 모든 계절 음식을 미지근하게 해 먹는 것과 같다.

같은 성가라도 가톨릭에서는 느리게 부르고 개신교에서

는 빠르게 부른다. 이는 교회의 고유 분위기이고 관습이기도 한데 작곡자의 의도에 따라 해석하고 불러야 하지만 일반적으로 성가는 기쁘고, 빠른 듯하게, 힘차게 불러야 한다. 특히 '주여, 임하소서' 같은 곡은 너무 천천히 부르면 슬픈 장례곡처럼 들리니 유의하여야 한다. 반대로 너무 빨리 부르면 부흥회 분위기로 흐른다. 이 곡은 원래 미국 찬송가로 원제는 '내 주를 가까이 하려 함은(Nearer, my God to Thee)'이다. 영화 「타이타닉」에서 보듯이 1912년 4월 12일에 있었던 실화로 침몰하는 여객선에서 공포에 빠진 승객들에게 위안을 준 은혜로운 찬송시이다.

맛있는 음식은 알맞는 온도가 있다. 뜨거운 음식, 음료와 차가운 음식, 음료가 있듯이 최적의 감동을 연출하는 노래의 빠르기를 찾는 것은 지휘자, 오르가니스트, 선창자의 몫이다.

성가책 약사 1
- 유럽 가톨릭 교회

오늘날 우리는 약간의 책값을 지불하면 잘 만들어진 성가책을 쉽게 구할 수 있다. 교회서점뿐만 아니라 인터넷으로도 살 수 있다. 이러한 형태의 성가책이 생긴 것은 교회 역사에 비해 그리 오래되지 않는다. 원래 노래는 저절로(자연 발생적으로) 생겨나서 언어가 생기고 난 이후에 일정한 틀에 맞춰 공동체가 함께 하는 집회에서 시작된 것으로 본다. 구약시대에 이미 많은 노래가 있었고 시편 150편은 모두 노래이다. 시편을 주의 깊게 들여다보면 노래에 따라 악기가 지정된 것도 있고 지휘자를 따라 부르는 노래라고 지시된 것도 있다. 예식의 종류에 따라 악기와 창법이 달랐음을 짐작할 수 있는 대목들이고 히브리 민족의 전승 민요에 따른 가락이 많다.

구약 중에 1역대기를 보면 성가대원의 지위는 사제가 나오는 레위 지파에서 선발하게 되어있고 성가대원 수도 구체적으로 나와 있다. 이 시기에는 물론 성가책이 없었다. 선생의 시범에 따라 귀로 익히는 구전 형태였기에 세월이 지나면서 많은 파생적 변화가 불가피하였다. 역사적으로 최초의 성가책은 서기 590~604년 제63대 교황이었던 성 그레고리오 1세 때 편찬되었다. 첫 성가책(안티포나리움)이라고 하지만 가사만 적혀있었기에 엄밀히 말하면 '성가 가사책'이었다. 그레고리오 성가는 서양 음악의 원천이며 교회의 보배로 일컬어지고 있다. 중세에 종이가 값싸게 생산되고 인쇄술이 발달하여 비로소 신자들이 성경과 성가책을 접하게 되었다. 이 당시의 성가책은 신문 반절지 크기에 악보가 그려져 있고 네우마라고 하는 4선 악보에 사각 음표였다. 악보 한 권을 보면대에 올려놓고 성가대원들이 빙 둘러서서 보며 노래했다.

성가책은 기보법과 상관관계가 있다. 가사만 있던 성가책은 훗날 단선에 가사를 넣고 가사 위에 손 동작을 나타

내는 기호를 넣었고 10세기 귀도 다렛죠 수사에 의하여 4선 악보와 음계 명이 정착되었다. 13세기부터 화성 개념이 도입되어 2성부 오르가눔, 3성부 시대를 지나 오늘날과 같은 4성부 합창곡과 높은 음자리표에 5선 기보법을 적용한 악보는 17세기에 나오는데 그레고리오 성가 주 선율을 주제로 쓰고 화성을 붙인 대위법적 다성음악 시대로 접어든다. 한편 단선율인 그레고리오 성가는 다성음악에 밀려 퇴조하지만 1614년 그라두알레(Graduale)라는 성가책이 나왔고 1974년에 현용 로마성가책(그라두알레 로마눔, Graduale Romanum) 초본이 출간되었다. 이 성가책은 918페이지에 이르는 방대한 네우마 악보이고 모두 라틴어 전례성가만을 수록하고 있다. 로마성가책이라는 것은 가톨릭 교회의 총 본산인 로마 소재 교황청(바티칸)의 공식 성가책이라는 의미이다. 단순 보편적인 악보로 회중 제창이 가능한 악보이다.

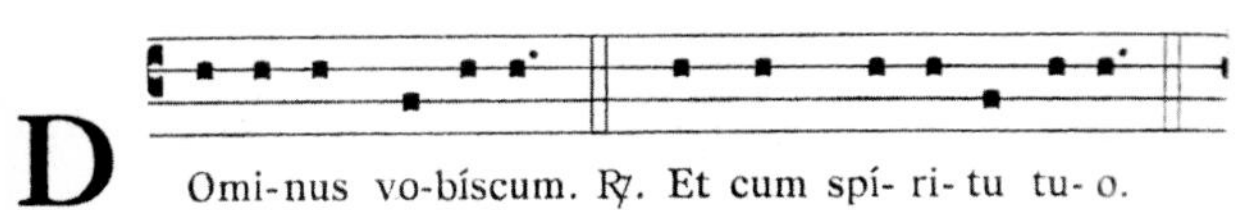

성가책 약사 2
- 한국 가톨릭 교회

우리나라는 1784년 자생적 교회가 탄생한 이래 이렇다 할 성가책이 없었으나 우리 순교 성인들과 최양업 신부는 천주가사를 지어 전교와 교리 교육 수단으로 썼다. 신자 중 문맹자가 많았다. 그래서 당시 유행하던 4.4조 시조처럼 지어 읊고 다니며 신앙심을 키웠다. 최 신부의 작품으로 알려진 선종가의 일부를 옛 글과 현대 글로 비교하여 살펴보자. 아래 선종가는 4.4조로 248행, 1,984자인 긴 가사인데 앞부분과 끝부분만 소개한다.

다음에 나오는 선종가는 4·4조로 248행(行) 1,984자(字)의 긴 가사인데 앞부분과 끝부분만 적었다.

션종가(원문)	선종가(현대어)
가련ᄒᆞ다 셰샹사ᄅᆞᆷ	가련하다 세상 사람
난사ᄅᆞᆷ은 다죽난다	난사람은 다 죽는다.
보텬하에 모든사ᄅᆞᆷ	普天下(넓은 세상) 모든 사람
ᄇᆡᆨ년젼에 모다죽네	백년 전에 모두 죽네

1924년 한국 최초의 책이 나왔는데 이 책은 당시 서울교구장 뮈텔(민아오스딩) 주교가 편찬한 성가책이다. 총 69곡 중에서 현 성가책에도 있는 '예수 마음 겸손하신 자여'를 보자.

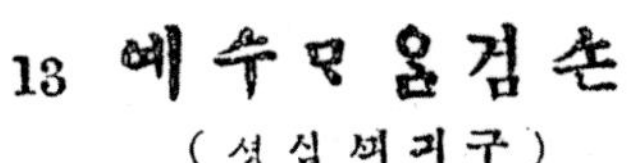

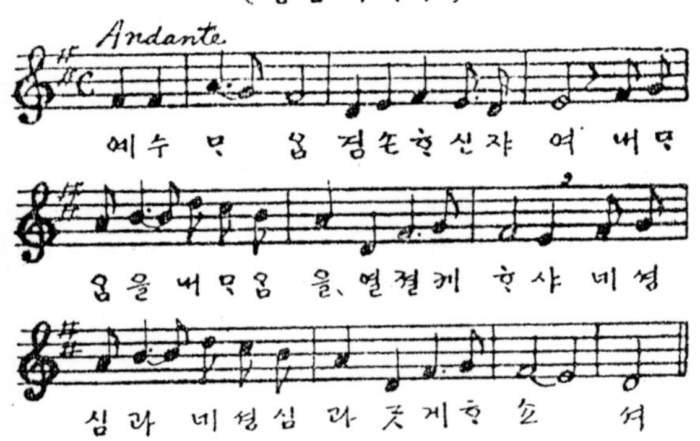

보기에도 정겹고 따뜻한 느낌을 주는 약 100년 전 '죠선어 셩가' 악보 모습이다. 이후 여러 권의 성가책이 서울, 덕원, 대구 등지에서 발간되었고 오늘날 우리가 보던 '통일 성

가집'은 1985년 선교 200주년 기념으로 출간된 것이다.

398곡을 수록한 통일 '가톨릭 성가'가 나왔으나 그간 요긴하게 쓰이던 곡들이 많이 누락되었다는 지적과 건의가 잇따라서 130곡을 '부록' 형식으로 추가하여 529곡으로 사용해 오고 있다. 그로부터 약 30년 후 면모를 일신한 '새 회중용 전례성가집'이 곧 출간 예정(2018년)이다. 그레고리오 성가와 CCM, 국악 성가, 공모 창작곡 등으로 200여 곡이 늘어난 성가책이다.

성수예절 노래

물은 정화 기능이 있다. 예수님도 세례자 요한으로부터 요르단 강에서 물로 세례를 받으셨다. 정화수는 참회와 죄를 씻는 기능이 있기 때문이다. 예전에는 매 주일 미사 때마다 성수 예절을 했지만 요즘은 특별한 대축일 미사나 예절 때에만 한다. 성수를 뿌리거나 축성 때 부르는 성가는 가사가 다른 두 가지 노래가 있다.

라틴어 가사로 "제게 뿌려주소서(아스뻬르제스 메, Asperges me)"는 연중 시기에, "물을 보았노라(Vidi Aquam)"는 부활 시기에 부른다. 한글판 "성전 오른편에서 흘러내리는 물을 모았노라, 알렐루야"가 이 곡이다. 사제가 회중에게 두루 뿌리는 동안 시간에 맞도록 반복해도 된다.

성음악 감독(담당)

유럽이나 미주 큰 성당에는 '성음악 감독'이라는 직책을 가진 성직자가 있다. 여러 음악 단체(성가대, 반주단, 관현악단 등)를 관리하고 지휘자, 반주자들에게 전례 음악 교육도 한다. 대축일에 음악 프로그램을 운영하고 성음악 위원회를 주관한다. 이러한 시스템은 본당 단위 뿐만 아니라 교구 단위로 확장되어있다.

한국에서도 지난 십 여년 사이에 많은 발전이 있었다. 교회음악을 전공한 사제, 수도자들이 증가하여 교구장의 음악 참모 역할을 하며 성음악교육원, 성음악연구원, 종교음악연구소 등을 운영하여 저변 확대에도 기여하고 있다. 교구 성음악위원회를 통하여 성가대 발전과 음악인 참여 증진에도 성과가 나고 있다. 2017년 현재 성음악을 전공했거

나 활동을 하는 사제(원로 사목자 포함)들을 보면,

서울대교구-차인현 신부, 백남용 신부, 박원주 신부, 이상철 신부, 최호영 신부

대구대교구-손상오 신부, 김종헌 신부, 곽민제 신부

광주대교구-홍진석 신부

부산교구-윤용선 신부, 임석수 신부

수원교구-이종철 신부, 최규명 신부, 현정수 신부, 김태완 신부

대전교구-김한승 신부

청주교구-윤창호 신부

인천교구-김선호 신부

원주교구-이규영 신부

전주교구-정범수 신부

춘천교구-김수창 신부

수도회-박대종 신부(성 베네딕토수도회), 강수근 신부(예수고난회)

등이 있다.

위 외에 선종하신 박기현 신부(청주교구), 이존복 신부(순교복자성직수도회)가 있다.

한국 성음악 개척자로 고 이문근(1917~1980) 신부를 들 수 있다. 한국 최초로 성음악을 전공(로마 무지카 사크라 졸업) 후 귀국하여 후배 양성과 작곡, 성가책 편찬 등 많은 업적이 있고 한국 최초로 오르간 연주회를 서울에서 개최(1955. 12. 21. 국립극장)한 분이다. 빈첸시오 도나도(이태리 살레시오 수도회, 한국명 원선오) 신부도 한국 성가가 불모지일 때 대중적인 성가를 많이 작곡하여 전례와 찬미 생활에 크게 이바지하셨다.

장엄성에 따른 미사

미사는 모두 똑같은 주님 제사이다. 주일 미사처럼 전례 봉사자와 성가대가 있으면 좋다. 교회력으로 가장 큰 전례 등급인 대축일(부활, 성탄, 성모승천 등) 때는 미사 고유문과 미사통상문을 모두 노래로 하며 공동 집전 사제나 부제가 고유 임무를 수행하고 분향 등 장엄성이 크면 장엄미사(Missa Solemnis)라고 한다. 그 다음으로 주일 교중미사나 축일에는 미사 통상문 위주로 노래하는 미사를 창미사(Missa Cantata)라고 한다. 미사 참례자가 많지 않은 평일이나 기념일에는 성가대 없이 오르단 반주자와 선창자 위주로 드리는 미사를 낭송미사(Missa Lecta)라고 한다. 유념할 것은 베토벤의 장엄미사곡이나 모차르트의 대관미사곡을 연주한다고 해서 장엄미사가 아니다. 예전에 큰 미사를 장엄미사 개념으로 주교 미사라고 했는데 없어진 개념이다. 현행(1970

년 발행) 미사 경전에는 '부제가 있는 미사' '공동집전 미사' 등으로 분류하고 있는데 음악적 분류와 다른 의미로 보아야 한다.

성음악미사라는 미사가 현실적으로 많이 거행되고 미사 중에 콘서트 개념을 도입하여 '거룩한 음악 미사'를 표방하기도 한다. 성음악미사의 반대 개념은 무슨 미사일까?

어떤 미사든지 성음악으로 드리지 않는 미사는 없다. 비(非) 성음악으로는 드릴 수 없다. 즉 세속음악이나 공연용 CCM으로 드리는 미사는 가톨릭 교회에는 존재하지 않는다. 개신교에 찬양예배라는 것도 일정한 범위 내에서 젊은이 위주의 복음찬송 예배이지 아무 노래나 부르는 것이 아니다. 따라서 '성음악미사'라는 용어는 합당하지 않다. 인터넷 카페인 전례음악에서 여러 번 개최한 미사의 타이틀은 "한국 천주교회 '성음악지침'에 따른 장엄미사" 또는 '저녁기도와 그레고리오 성가 창미사(Vespere et Missa Cantana de Angelis)'였다. 성가대가 있는 미사는 모두 '성음악미사'이다.

전례력과 전례주년

어느 가정이나 사무실에도 달력이 방마다 하나씩은 걸려있고 손목시계나 휴대전화에도 내장되어 있다. 가톨릭 신자 가정에는 성당에서 만든 예쁜 달력을 하나씩 걸어 놓고 애용한다. 우리 생활 속에 부지불식으로 깊숙이 들어와 있는 셈이다. 이 달력은 그레고리오(그레고리오 13세 교황) 달력인데 1582년에 개정되어 오늘날까지 쓰고 있는 전례력이다. '전례력(Calendarium Liturgicum)'이란 1년을 주기로 하여 구세사(求世史)를 기념하는 달력이다. 일년은 정확히 365.2425일인데 월별로 짜 맞추기 어렵기 때문에 2월 윤달을 두었다. 그런데 부활대축일인 파스카는 유다인 절기를 따르므로 날짜가 매년 바뀐다. 즉 주일과 성탄 대축일은 고정되어 있고 재의 수요일이나 부활대축일은 다르다. 간혹 동방정교회의 '예수성탄대축일'과 '부활대축일'이 우리와 다르다는 말을 듣는다. 달력이 다르기 때문이다. 우리는 위에 언급한 바와 같이 그레고리오 달력을 쓰는데 동방정교회는 율리우스(로마 율리우스 시저 BC 100-44) 달력을 쓰기 때문에 그레고리오 달력보다 변동성이 크다. 향후 양 종교간에 일치를 위하여 부활대축일 날짜부터 통일하자는 논의가 진행 중이다.

생활에서 새해는 1월 1일부터 시작되지만 교회 전례력은 대림 제1주일부터 시작하여 그리스도왕 대축일이 있는 주간 토요일까지이다. 전례력은 3년 주기로 반복하는 데 가, 나, 다 해로 나누어 복음을 달리한다. 이를 전례주년(Tempus Liturgia)이라고 한다. 주년은 달력상으로는 11월 마지막 주간이나 12월 첫 주간에 첫날이 온다. 365일, 52주간이 반복된다. 표 아래 칸은 제의 색이다. 대림 제3주일과 사순 제4주일은 장미색 제의를 입는다. 전례적으로 '기뻐하는 날'이므로 음악도 이에 따른다. 오르간 독주도 할 수 있고 기쁜 노래를 부른다.

→

대림4주간	성탄2주간	연중6주간	사순6주간	성주간 1주 (파스카성3일)	부활7주간	연중27주간
자색	백색	녹색	자색	자색/홍색	백색	녹색

연중 시기는 달력에 따라 33주간이 되는 해가 있고 34주간이 되기도 한다. 제의와 성가대 예복 깃에서 색상은 의미를 달리한다. 백색은 영광과 기쁨, 홍색은 사랑과 승리 및 피, 녹색은 생명과 희망, 장미색은 기쁨과 휴식을 나타낸다. 흑색은 죽음의 색이다.

연송

성가책에 '연송 또는 연경'이라고 표기한 악보가 있다. 트락투스(Tractus)라고 하는데 제2독서 후 '복음전 노래'로 알렐루야를 노래한다. 그러나 사순시기에는 주님 수난기이므로 알렐루야를 부르지 못하고 그 대신 부르는 노래로 사순시기 환호로 '복음전 노래'를 부른다. "그리스도님, 찬미와 영광 받으소서" 같은 후렴구를 노래하거나 읽는다. 후렴구 가사는 3가지 양식이 있다. 그 다음에 오는 복음구(Versus)는 연중시기와 같이 부른다. 위령미사 때도 같다. 트락투스와 혼동되기 쉬운 개념으로 트로프스 Tropus가 있다. 동방(비잔틴)교회에서 도입된 보충성가 개념이다. 오늘날 거의 잊혀진 양식인데 유명한 '거룩한 성체(아베 베룸, Ave verum)' 가사도 쌍뚜스의 노래 중간에 끼워졌던 찬미가이다.

오르간

여러분의 본당에서는 어떤 악기로 성가 반주를 하나요? 평소에 별 관심이 없었다면 잘 살펴보고 들어보세요.

파이프 오르간인지, 전자 오르간인지, 파이프와 전자 복합형 오르간인지 아니면 키보드인지. 피아노는 주일학교 학생 미사에나 볼 수 있을 것이다.

우리 교회는 로마식 전례를 따른다.

로마 가톨릭 교회의 여러 문헌들은 파이프 오르간을 악기의 으뜸으로 규정하고 있다. 웅장한 위용 때문만이 아니라 다양한 음색과 풍부한 음량(중, 대형 오르간은 거의 무한한 음색과 백여 명의 관현악단이 내는 정도의 큰 소리)을 낼 수 있다. 그리고 무엇보다도 사람의 소리와 잘 어울리는 악기이다. 그러나 워낙 고가(수억~ 수십억 원)이고 반영구적이라고 할 정도로 수명이 길지만 온도 습도 차이가 많은 한국에서는 매년 유지비도 든다. 아직 국내 생산이 안 되므로 파이프 오르간의 소리를 모방하거나 실제 연주 소리를 샘플링하여 컴퓨터로 재생하는 방법 등으로 제작된 전자 오르간을 쓰고 있다. 최근에는 일부 저음부만 파이프를 쓰는 복합형 오르간도 많아지는 추세이다. 다만 예산 문제 등을 이유로 경음악용 키보드나 신디사이저는 쓰지 않아야 한다. 피아노는 안된다.

피아노는 건반악기지만 오르간과 달리 근본적으로 드럼이나 북 같은 타악기이다. 팽팽하게 당긴 철사줄을 해머로 치는 원리인데 공간이 크고 울림이 민감한 성당에서는 사람의 목소리와 잘 어울리지 않는다. 악기 중에서 바이올린 같은 현악기는 사목적 판단으로 허용할 수 있다. 소리를 길게 이어갈 수 있기 때문이다. 그러나 자동 연주기는 허용되지 않는다.

우리 교회에 파이프 오르간이 들어 온 시기는 1924년 서울 명동 대성당부터이다. 보기에도 웅장하고 아름다운 이 파이프 오르간은 당시 제품은 아니고 제3세대형이다. 가톨릭 교회와 개신교회에 약 150여 대가 설치되었고 요즘엔 교회 아닌 호텔이나 일반 연주홀에도 설치되고 있다. 좋은 현상이다. 유럽에는 병원이나 교도소에도 설치되어 심리 안정 및 감화에 도움을 준다. 또한 국내와 외국에서 오르간을 전공한 신자들이 많아서 파이프 오르간을 설치하면 유능한 오르가니스트를 구하는 것은 어렵지 않다. 서양에서는 오르간이라고 하면 당연히 파이프 오르간을 뜻한다. 우리가 학교에서 보았던 풍금은 하모니움이라고 한다.

대도시 예술의 전당에서 교회음악 연주회에 가 보면 풍금 같은 작은 파이프 오르간을 자주 보게 된다. 이동이 편리한 소형(포지티브) 오르간인데 이 역시 해외 유학 후 귀국시 반입하는 사례가 많아져서 자주 활용되는 것은 고무적이다. 2000년 이후 한국인 오르간 제작자(오르겔 바우)도 배출되어 제작 초기 단계에 있고 정비도 원활해졌다. 동방정교회, 특히 러시아정교회는 오르간 등 악기를 사용하지 않는다.

특별 찬미가

성가대가 교우들을 대표하여 주님께 봉헌하는 찬미 노래이다. 통상 '특송'이라고 부르는데 음식으로 비유하면 특별 메뉴이다. 성가는 모든 이가 잘 부를 수 있으면 더할 나위 없이 이상적이다. 그러나 현실적으로는 불가능한 일이다. 연령대와 숙련도가 다 다르기 때문이다. 교우들과 함께 노래하는 것은 일반 찬미가와 대화구 그리고 성가대와 교창하는 미사곡이면 족하다. 미사에서 입당, 예문 준비 성가, 영성체 성가와 파견성가는 기본적으로 제창이고 성가대가 합창으로 북돋는 개념이다.

전 교우의 제창 운동은 장점이 있지만 하향 평준화를 가져올 위험이 있다. 여러 본당 미사에 가 보면 제창이 정확하지 않은 선율, 리듬으로 고착화된 사례를 본다. 이 원인은 대개 성가대가 부실하거나 무관심 탓이다. 성가대는 샘물과 같아서 샘이 마르지 않도록 계속 맑은 물을 공급해야 한다. 즉 성가대가 부실하면 그 영향이 제창 부실로 나온다. 노래는 쉬운 곡이라도 진행이 껄끄러운 도약도 있고 가사 붙이기 쉽지 않은 셋잇단음표나 임시 조표가 있게 마련이다. 성가 연습 시간이 따로 없는 교우 입장에서는 성가대의 노래를 듣고 함께 부르면서 익히는 효과가 있다. 하느님을 찬미하는 노래가 음정, 박자, 리듬이 안 맞는다고 하면 정성이 부족한 것이다. 미사에서 성가대가 격조 높은 찬미가를 부를 때 곡이나 가사가 생소하더라도 잘 듣고 묵상함으로써 간접 찬미하게 된다.

교회 문헌이나 가르침은 그레고리오 성가와 다성음악 같은 고전 성가를 장려하고 있다. 찬미가는 신자들에게 선사하는 음악이 아니라 주님께 특별히 봉헌하는 노래이다. 이 점 개신교의 찬양대 찬양과는 조금 개념이 다를 수 있다.

성가대의 특별 찬미가는 예물준비 또는 영성체 행렬 시

간에 부를 수 있고 영성체 후 묵상에 도움을 주기 위해 부를 수도 있다.

이런 노래는 전적으로 주님을 찬양하고 신자들의 영혼을 거룩하게 이끄는 노래 중에서 선곡해야 한다. 성가대원들이 선호하는 음악이어서는 안된다. 성모 마리아 곡이나 특정 성인에 대한 묵상 곡으로 적절하지 않다. 성가대 합창 외에 오르간 독주나 침묵도 좋다.

트렌토(트리덴틴) 전례

20세기에 획기적인 전례 개혁이 이루어졌다. 제2차 바티칸 공의회(1962~1965) 이전에 사용되던 미사 전례 양식이 많이 간소화되고 바뀐 것이다. 전례적으로 보면 바뀔 수 없는 본질적인 것은 존속하고 시대적 변화에 맞도록 결단을 내린 것이다. 그 중 중요한 것은 두 가지이다. 하나는 이제까지 미사 전례에 사용하는 전례서는 라틴어였지만 지방어(각국 언어)로 거행할 수 있도록 허용한 것이고 두 번째는 성가대 위주의 라틴어, 그레고리오 성가에서 신자들의 능동적 참여를 적극 이끌어내도록 개방적으로 바꾼 것이다. 성가대 입장에서는 어려운 라틴어 성가 대신 자국어 성가를 노래하고 성가대의 존재감이 약화되는 듯한 결과를 초래하기도 했다. 이 이외에도 제대의 방향을 동쪽으로 향하게(Ad Orientem) 배치하고 주례 사제는 신자들을 등지고 미사를 드리는 전례 구조(동방정교회는 아직도 이런 전례를 거행한다)였지만 이제는 주례 사제가 신자들과 얼굴을 마주 보며(대면, 對面) 지내게 되었다.

이렇게 전례가 쉬워졌음에도 종전 엄격한 미사 양식을 그리워하는 사람들이 적지 않았다. 즉 트렌토 공의회(1545~1563) 이후 정착된 전례 양식이다.

제2차 바티칸 공의회의에서 새 전례 양식이 나왔으므로 구 양식인 트렌토전례서(Liturgia Tridentinum, 1962)는 쓰지 않게 되었지만 이 전례 양식을 허락해 달라는 청원도 있었다. 2007년 7월 7일, 교황 베네딕토 16세는 자의교서(교황들)를 통하여 이 전례서에 따른 양식을 다시 공식 허용하였다. 따라서 신자들에게 누구든 이 양식의 미사를 청원할 권리가 주어졌지만 우리나라에서는 제단 구조, 라틴어 전례서 사용문제, 영성체 방식(꿇어앉아 입으로 영하는 전통) 미숙 등 쉽지 않은 환경이다.

호칭기도

성가책에 '성인 호칭기도(Litaniae Omnium Sanctorum)'라는 색다른 성가가 있다.

단조로운 선율이 반복되고 수십 명의 성인 이름을 부르는 그레고리오 성가라서 일반 신자들은 들어보거나 불러볼 기회가 적다. 다른 성가와 달리 한글 악보와 라틴어 악보가 따로 있는데 단선율에 오르간 반주 악보가 수록되어 있다.

이 성가는 제대로 부르려면 선창자(성가대)가 있고 모든 신자는 선창에 따라 응답하는 구조인데 큰 예식 때 보면 평소에 익숙치 않은 노래라서 본당에서는 대개 성가대가 맡아 부른다. 이 노래는 주님께 자비를 청원하기 시작하여 성모 마리아와 성 요셉, 그리고 성 베드로와 성 바오로부터 약 50명의 성인 성녀 이름을 부르며 기도를 한다고 하여 '모든 성인의 호칭기도'라고도 한다. 마지막 부분은 이름을 거론하지 않은 모든 성인과 지역 성인들 이름을 넣거나 뺄 수 있다. 선창자는 호칭하는 라틴어 이름을 발음할 줄 알아야 가사 붙이기가 용이하다. 앞 구절을 선창하면 뒷구절을 응답한다.

주님, 자비를 베푸소서/ 주님, 자비를 베푸소서
그리스도님, 자비를 베푸소서/ 그리스도님, 자비를 베푸소서

주님, 자비를 베푸소서/ 주님, 자비를 베푸소서
그리스도님, 저희의 기도를 들으소서/ 그리스도님, 저희의 기도를 들어주소서
(중략)
그리스도님, 저희의 기도를 들으소서/ 그리스도님, 저희의 기도를 들어주소서.

이 장엄한 노래는 연도(連禱) 형식이다. 예식의 길이에 따

라 중간 성인을 가감할 수 있다. 기원 4세기에 동방교회(비잔틴/그리스)에서부터 유래되어 로마 전례에 들어왔다.

현재는 부활 밤 미사 때 세례식 때 또는 사제서품과 주교서품식 및 수도원 허원식 등에서 이 노래를 부르고 수품자는 가장 낮은 자세로 엎드린다. 전례에 생소한 사람들에게는 지루하게 느껴질 수 있는데 매우 뜻깊은 기도 노래이다.

"주님께 노래하여라, 그지없이 높으신 분"

(탈출 15, 21)

부록_

성가 도우미

우리는 이제 성가의 중요성을 충분히 인식했다. 하느님을 보다 더 잘 찬미하려면 어떻게 하면 좋을까? 성가에 대한 이해를 높이고 잘 부르고자 하는 신자들을 위하여 몇 가지 방안을 제시한다.

성가 도우미 장에서는 가나다 순으로 기술한다.

잘 배우기/ 성음악 관련 전국 교육기관 소개/ 노래 잘 부르기/ 성가대와 합창단/ 선곡 기준/ 성가의 목적 & 결론

잘 배우기

잘 부르기 위해서는 잘 배워야 한다.

선천적 재능이 있어서 쉽게 배우고 잘 부르는 사람도 있지만 대부분 신자는 노력한 만큼 잘 부를 수 있다. 시중에 각종 음악학원이나 악기 배우는 학원, 교습소는 많지만 성가대원이 되기 위해 다니는 학원이 있는가? 또는 교회에서 성가대원 육성이나 신자들의 가창력을 높이기 위해 성경공부처럼 지속적인 교육을 하는 것을 본 일이 있는가?

둘 다 아니다.

우리나라는 전공자나 전문가를 위한 교육과정은 많고 많지만 평신도의 성가(찬송가) 실력을 위해 가르치는 곳은 없다. 따라서 각자 기초는 배워가야 한다. 성가대에 가도 바로 연습에 들어간다. 초보자를 위하여 가르쳐 주지는 않는다.

방법 하나, 자주 듣고 따라 부른다

성가 CD나 DVD 같은 매체나 mp3 또는 카톡 등으로 가정에서, 차에서 자주 듣는다. 무의식 중에도 학습 효과가 나온다. 어린아이가 '엄마' 소리하려면 옹알이 단계를 거쳐 수천 번 연습해야 말이 밖으로 나온다. 문맹자인 아기들은 귀로 듣고 익힌다. 농아는 청각 이상에서 기인한다. 못 들으니 모방을 못 하는 것이다. 모든 예능 과목이 그렇듯이 철저한 모방에서 시작된다.

그리고 미사 중에 성가대 합창 소리를 유심히 들으며 성가책을 보고 따라한다. 본당 성가대의 합창은 가장 좋은 교재이다.

슈베르트의 독일 가곡을 원어로 잘 부르는 성가대원이 있었다. 거의 완벽한 독일어 발음과 성악 테크닉으로 음대 출신 유학자인 줄 알 정도였는데 이 청년은 성악 공부나

유학을 간 적이 없다. 좋아하는 곡을 레코드에서 듣고 또 듣고 따라해 보고 흉내 낸 보고하여 익힌 솜씨이다. 요즘 복면 가수 무대를 보면 가능한 이야기이다.

방법 둘, 성가대에 가입한다

대부분의 신자는 성가대에 대해 잘못된 선입감과 두려움이 있다.

그 단체는 노래 잘하는 사람이 가는 곳 아닐까? 가고는 싶지만 노래 불러보라고 하면 창피할 텐데. 바빠서 빠지는 날이 많을 텐데, 안 가는 게 낫겠지?

위에 열거한 이유는 기실 핑계에 가깝다. 우리 민족은 세계적으로 음악을 사랑하고 노래를 잘하는 민족이다. 동이전(삼국지위지 동이전 제30권, 3세기 중국 문헌)에 동이족은 가무를 매우 즐기는 민족이라고 기술되어 있다. 국립, 시립, 구립, 군립 등 공공합창단도 100개가 넘고 개인, 교회 합창단도

집계가 안 될 정도로 많다. 노래방 기계가 세계에서 가장 많은 나라일 것이다. 아주 작은 시골 교회가 아니면 주 성가대 외에 중고등부 성가대, 청년 성가대 등 여러 성가대가 있다. 주교좌급 대성당이 아니면 오디션도 없다. 아주 고령자가 아니라면 어디든 환영할 것이다.

방법 셋, 전문 교육기관에서 공부한다

음악 기초가 있고 시간 여건을 만들 수 있다면 체계적인 교육이나 레슨도 좋다. 여러 성음악 교육원에는 정규 과정 외에 여름 겨울 방학 시즌에 단기 과정도 많다.

위 방법들과 병행하여 악기를 익히면 도움이 된다. 피아노나 아코디온 같은 건반악기가 좋다. [서양에서는 중산층 시민의 개념에 재산 이외에 교양으로 한 두 악기 연주 능력이 필수이다. 배움에 나이 제한은 없다. 진도가 좀 느릴 뿐이다.]

성음악 관련 교육기관 소개

1. 대학/ 대학원

- 가톨릭대학교 교회음악대학원/ 서울 중림동
- 가톨릭대학교 음악과/ 경기도 부천 역곡동
- 대구가톨릭대학교 예술대학 대학원(종교음악 전공)/ 경북 경산 하양읍

2. 성음악(교육)원

· 서울대교구

가톨릭대학교 교회음악 대학원(석사과정, 아카데미 과정)/ 서울 중림동(02-393-2213~5)

· 대구대교구

가톨릭음악원/대구광역시 남산3동 교구청(053-255-4847)

· 광주대교구

광주 가톨릭대학교 평생교육원(가톨릭음악원)/ 광주 쌍촌동(062-372-0124)

· 부산교구

- 부산가톨릭대학교 성음악연구소 및 음악교육원(2년제)/ 부산광역시 금정구 오륜대로 57(부곡3동)(051-517-8241~2)
- 울산 분원(월평 성당)(052-272-2405)
- 김해 분원(임호 성당/055-324-8227, 장유 성당/055-314-3563)

· 대전교구

대전 가톨릭대학교 전례음악연구소 및 음악원/충남 연기군 전의면(041-867-8060)

· 인천교구

전례음악연구소/인천광역시 남구 간석3동(032-522-3901)

· 수원교구

가톨릭 교회음악연구소/수원시 조원동(031-255-9633)

· 청주교구

성음악원/충북 청주시 상당구 내덕2동 주교좌성당 교육관(043-275-9105)

· 전주교구

성음악교육원/ 전북 전주시 완산1길 가톨릭센터(063-285-0042)

· 원주교구

성음악교육원/강원도 원주시 단구동(033-764-9118)

이외에도 국악성가연구소(서울 070-8875-8827), 세실리아오르간음악원(대구 신매동 053-795-1129), 오르겔 클랑(분당 수내동 010-2726-5203) 등이 있다.

3. 유용한 인터넷 사이트

· 서울대교구 가톨릭굿뉴스 내 성가 게시판 http://www.catholic.or.kr

· 가톨릭전례학회 http://liturgia.kr

· Daum 카페 전례음악 http://cafe.daum.net/patritius

성가 부르는 방법

구분	방법	예
낭독 (Lectus)	책 읽듯이 천천히 음을 높여 부름	-성경 낭독 -옛 천주가사 읊조리기
낭송 (Accentus)	가사의 장단, 엑센트를 살려 단순한 가락으로 부름	-사제와 교구 대화구 -간단한 시편창
노래 (Concentus)	음의 높이, 장단이 분명한 노래	-그레고리오 성가 -모테트 -일반 찬미가(성가책)

노래 잘 부르기

노래를 잘 부르기 위해서는 잘 배워야 한다.

노래는 처음에 잘 못 배우면 나중에 고치기 어렵다. 노래를 잘 부르려면 발성 실기를 익히고 예쁘게 부르는 법을 알아야 하는데 신자로서 더 나아가 성가대원으로서 도움이 될 기초 지식을 알아보도록 한다.

· **자세**: 모든 노래는 서서 편한 마음으로 부를 때 잘 된다. 성가대가 늘 서서 불러야 하는 이유는 주님께 대한 신심도 있지만 앉아서 부를 때 보다 소리가 잘 나오기 때문이다. 부득이 앉아서 부를 때에도

허리를 세우고(등받침 안함)

가슴을 들어 올린 상태에서(폐활량 증대)

배로 숨쉬고(복식 호흡)

소리가 아랫배에서 시작하여 성대를 거쳐 경구개(입천장 앞쪽)에 부딪쳐서 나오게 한다.

· **입 모양**: 크게 벌린다. 옆으로가 아니라 작은 계란을 세운 상태로 입에 넣는다는 느낌으로 연다. 제대로 벌리면 양 귀에서 턱이 분리되는 소리가 들린다.

· **노래 시작**: 오르간 전주와 때론 지휘자 지휘를 잘 보고 첫 가사를 떠올린다. 모음을 확실하게 구별하여 내고 끝 자음으로 마무리한다. 간혹 '아멘'을 '으아멘'으로 '하늘에 계신'을 '허늘에 계신'으로 '은총이 가득하신'을 '언청이 가덕하신'으로 발음하는 예가 있다. 입을 덜 벌려도 그렇게 된다. 가사는 꼭 표준어 발음과 억양을 써야 한다.

성가대와 회중 간 노래가 잘 안 맞는 경우와 원인은 무엇일까. 먼저 성가대가 노래하는 속도에 신자들이 맞추지 못하기 때문이다. 신자석에서는 귀로 들으면서 제창을 해야 한다. 음악성이 있는 신자는 오르간 전주를 듣고 속도를 가름할 수 있다. 그 다음으로 악보를 잘 이해하지 못하는 부분이 있다.

악보에서 틀리기 쉬운 몇 가지를 들어보면, 음표와 쉼표가 있는데 쉼표를 안 지키면 악보대로 쉼표를 지키는 성가대 합창과 안맞게 된다. 성가 '기쁨과 평화 넘치는'의 예를 보자.

첫째 단 끝에 4분 쉼표, 둘째단 끝에 2분 쉼표가 있다. 올바로 지키고 나가는 성가대와 이를 무시하고 나가는 회중의 노래가 맞지 않게 된다. 쉼표는 빨강색 신호등이다.

음표와 쉼표가 있는데 쉼표를 안지키면 악보대로 쉼표를 지키는 성가대 합창과 안 맞게 된다. 성가 '기쁨과 평화 넘치는 곳'을 예로 들면(악보 기쁨과 평화 1 참고)

mp
Trad. Melody
1. 기 쁨과평 화 넘 치 는 하 느 님 게 신 곳
2. 미 약한우 리 인 - 생 주 님 을 찾 으 니
3. 이 세상모 든 행 - 복 만 족 함 없 으 니
언 제나마 음 속 - 에 그 리 며살 리 라
애 틋한우 리 기 - 도 들 어 주옵 소 서
참 된행복 의 근 - 원 하 느 님뿐 이 리

노래에 쉼표가 있는 것은 그만한 이유가 있다. 그 앞 절까지 노래하고 나면 숨을 고르고 나서 다음을 진행하든지 다음 악절부터 음악 효과를 강조하기 위해 쉬든지 하는 것이다. 쉼표와 숨표를 식별하여 숨표(,)에서는 띄어쓰기 하듯이 살짝 넘어가야 한다.

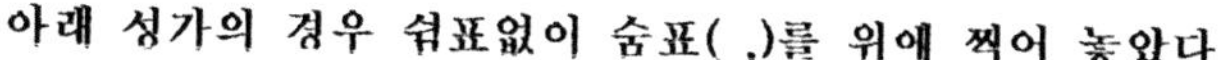
아래 성가의 경우 쉼표없이 숨표(,)를 위에 찍어 놓았다.

호흡은 특별한 표시가 없으면 두 마디 마다 쉰다. 성가대원들은 최소 네 마디(한 소절)를 노래하도록 숙달한다.

· 8분음표와 셋잇단음표

8분음표는 4분음표의 절반 음가(음 길이)를 갖는다. 그런데 셋잇단음표는 8분음표가 3개 모여서 4분음표 음가, 즉 보통 한 박자가 된다. 그러니까 통상적인 8분음표보다 빠르게 지나가야 제 박자에 맞는다. 회중 제창은 대개 여기서 엉킨다. 성가의 예를 보자. 4/4박의 국악풍 성가이다.

성가책에서 '거룩하신 어머니'(김진균 곡), '주님께 올리는 기도'(이종철 신부 곡) 등 비슷한 사례가 많다.

· **노래 끝내기**

미사 중에 2절까지 부르고 마치는지 3절까지 또는 4절까지 다 부르는지 애매할 때가 있다. 성가대가 없을 때는 오르가니스트가 음악 감독 역할을 한다. 끝날때는 종지음을 길~게 준다.

성가대와 교회합창단

성가대는 연중 52주일과 대축일 등 약 60회의 생 제사 음악을 봉헌하는 거룩한 음악 단체이다. 모든 단체가 다 그렇겠지만 성가대는 꾸준한 연습과 노력이 결과를 말해 준다. 합창단은 주로 여러 성가대원 출신들이 보다 격조 높은 성가 합창을 위해 애호가들이 만든 단체이다. 연중 두세 번의 연주회와 행사에 봉사한다. 따라서 곡에 집중할 수 있고 수준 높은 곡에 도전할 수 있다. 그레고리오성가단, 다성음악(폴리포니)합창단 등 많이 있다. 각 교구에 가톨릭합창단이 있는데 서울에 있는 가톨릭합창단은 명동대성당 성가대이다. 특이한 예이다.

선곡(選曲) 기준

선곡은 생각보다 쉽지 않다. 전례곡은 전례주년, 전례력, 성월, 매 주간 성격, 매 주일 독서와 복음 등을 종합적으로 연구해서 나온다. 본당마다 가창력 수준이 다르고 성가대 능력도 고려해야 하므로 일부 사이트에서 베껴 쓰는 것은 지양해야 한다.

세속에서 '사주팔자'라는 말을 쓴다. 사람의 생년월일 4가지를 음력으로 알아야 한다. 미사에서 쓸 성가 '선곡'도 비슷하다. 전례주년, 전례성월, 전례주간, 전례일을 미리 알고 해당일 독서와 복음을 반영하여야 한다. 지휘자나 특정인이 개인적으로 선호하는 곡을 넣을 것이 아니라 본당 신자들의 가창력, 평균 연령대, 성가대 능력 등을 고려하여 프로그램을 짜는 것이 좋다.

성가의 목적 & 결론

"이들은 내가 나를 위하여 빚어 만든 백성, 이들이 나에 대한 찬양을 전하리라." (이사 43, 21)

주님께서 우리를 창조하신 목적은 주님을 찬양하는 것이다. 이제 우리는 '성가는 주님을 찬양하는 노래'임을 알았다. 주님을 찬미, 찬양하는 것은 선택이 아니라 의무이다.

성가는 가사 대부분이 성경 말씀이거나 기도문 또는 교회의 가르침이다. 우리가 주님께 찬미하는 동안 주님이 함께 계시고 천사들이 함께 노래한다. 미사 때만이 아니고 생활 속에서 혼자라도 좋다. 노래하면서 "사랑하는 주님께, 성모님께 제 부족한 노래를 바칩니다" 하는 마음으로 불러보자.

'성가를 잘 부르는 것은 기도를 두 번 하는 것과 같다.'

성 아우구스티노 주교님 말씀이 아니더라도 원래 기도와 노래는 한뿌리이다. 즉 가사로 찬미하고 노래로 찬양하는 성가는 살아 숨 쉬는 기도이다.

"주님께 노래하여라, 새로운 노래를."

(시편 96, 1)

참고 문헌

김건정, 교회전례음악, 가톨릭출판사, 2012

이문근, 교회음악, 김건정외 공동 편역, 가톨릭출판사, 2011

이홍기. 미사 전례, 분도출판사, 1997

정의철, 전례의 봉사, 생활성서사, 1997

최명화 역. 전례헌장 및 성음악 훈령, 1974

한국천주교 주교회의. 성경, 2006

한국천주교 주교회의, 로마 미사 전례서 총지침, 2005 개정안

한국천주교 주교회의(전례위원회), 성음악지침, 2008

Graduale Romanum, 솔렘수도원, 1974

ORDO MISSAE Cum populo, 바티칸, 2002

교회 인가
서울대교구 2000.6.23.